Wer sind wir, wenn wir sterben?

ALEXANDER ARMIN

INHALTSVERZEICHNIS

1
Die Tabuisierung des Todes

1.1 Gesellschaftliche Ängste und Mythen

Die Angst vor dem Tod ist ein tief verwurzeltes Phänomen in der menschlichen Psyche, das nicht nur durch die persönliche Konfrontation mit der eigenen Sterblichkeit genährt wird, sondern auch durch gesellschaftliche Mythen und kulturelle Narrative, die den Tod häufig negativ darstellen. In vielen Kulturen gilt der Tod als Tabu, was zu einer Vermeidung des Themas führt und es schwierig macht, offen darüber zu sprechen. Diese Tabuisierung hat weitreichende Auswirkungen auf das Verhalten und die Entscheidungen der Menschen, die oft in einem Zustand von Unsicherheit und Angst leben.

Psychologische Studien belegen, dass die Angst vor dem Tod nicht nur eine individuelle Angelegenheit ist, sondern auch kollektive Dimensionen aufweist. Die Terror-Management-Theorie, entwickelt von den Psychologen Jeff Greenberg, Sheldon Solomon und Tom Pyszczynski, legt nahe, dass die Auseinandersetzung mit der eigenen Sterblichkeit tiefgreifende Auswirkungen auf das Verhalten hat. Menschen neigen dazu, ihre Ängste zu bewältigen, indem sie ihre kulturellen Überzeugungen und Werte stärken. Diese Mechanismen können sich in der Schaffung von Stereotypen äußern, die den Tod als bedrohlich und unheimlich darstellen, wodurch eine negative Sichtweise gefördert wird.

Ein Beispiel für diese Dynamik zeigt sich in der Berichterstattung der Medien über den Tod. Sensationsberichterstattung über Todesfälle, insbesondere im Zusammenhang mit Gewalt oder Tragödien, verstärkt die Angst und trägt zur Stigmatisierung des Themas bei. Eine Studie der Universität Leipzig aus dem Jahr 2023, die die Berichterstattung über Todesfälle in deutschen Medien analysierte, ergab, dass negative Darstellungen von Tod und Sterben in über 70% der Fälle dominieren. Dies führt dazu, dass viele Menschen den Tod als unvermeidlich, aber auch als etwas zu Vermeidendes betrachten, was den Dialog über das Thema weiter erschwert.

Die gesellschaftlichen Mythen rund um den Tod sind vielfältig und oft widersprüchlich. In einigen Kulturen wird der Tod als Übergang in eine andere Existenzform angesehen, während er in anderen als endgültiges Ende betrachtet wird. Diese unterschiedlichen Perspektiven beeinflussen, wie Menschen mit Trauer und Verlust umgehen. Eine Umfrage des Pew Research Centers aus dem Jahr 2024 ergab, dass 65% der Befragten sich unwohl fühlen, über den Tod zu sprechen, was die Notwendigkeit eines offenen Dialogs über dieses Thema unterstreicht.

Ein besseres Verständnis dieser Ängste und Mythen kann dazu beitragen, den Dialog über den Tod zu fördern und die damit verbundenen Tabus zu brechen. Indem wir die kulturellen und psychologischen Faktoren hinterfragen, die unsere Wahrnehmung des Todes prägen, können wir beginnen, eine offenere und gesündere Beziehung zu diesem unvermeidlichen Teil des Lebens zu entwickeln. Die Auseinandersetzung mit dem Tod kann nicht nur helfen, Ängste abzubauen, sondern auch zu einer tieferen Reflexion über das eigene Leben und die eigenen Werte führen.

In den folgenden Abschnitten werden wir uns mit den kulturellen Unterschieden in der Wahrnehmung des Todes befassen und untersuchen, wie Religion und Glauben die Sichtweisen auf den Tod beeinflussen. Diese Analysen werden verdeutlichen, dass das Verständnis des Todes nicht nur individuell, sondern auch kollektiv geprägt ist. Durch die Betrachtung dieser Aspekte wird klar, dass ein offenerer Diskurs über den Tod notwendig ist, um die damit verbundenen Ängste zu verringern und eine gesunde Auseinandersetzung mit der eigenen Sterblichkeit zu fördern.

Die Erkundung der gesellschaftlichen Ängste und Mythen rund um den Tod ist der erste Schritt, um die komplexen emotionalen und psychologischen Dimensionen zu verstehen, die mit dem Sterben verbunden sind. Indem wir uns diesen Themen widmen, schaffen wir die Grundlage für eine tiefere Auseinandersetzung mit den kulturellen und religiösen Perspektiven, die unser Verständnis des Todes prägen. Lassen Sie uns gemeinsam diese Reise antreten und die Facetten des Sterbens und der Identität erkunden.

Die Wahrnehmung des Todes ist ein kulturelles Phänomen, das tief in den gesellschaftlichen Normen, Traditionen und Glaubenssystemen verwurzelt ist. Während einige Kulturen den Tod als natürlichen Bestandteil des Lebens akzeptieren und ihn in ihre täglichen Rituale integrieren, wird er in anderen als Tabu betrachtet, das es zu vermeiden gilt. Diese unterschiedlichen Perspektiven sind nicht nur faszinierend, sondern auch entscheidend für unser Verständnis der menschlichen Erfahrung und Identität.

Ein Beispiel für eine Kultur, die den Tod offen akzeptiert, ist die mexikanische Tradition des Día de los Muertos (Tag der Toten). Dieser Feiertag, der am 1. und 2. November gefeiert wird, ist eine Feier des Lebens und des Gedenkens an verstorbene Angehörige. Die Menschen schmücken Altäre mit Fotos, Blumen und den Lieblingsspeisen der Verstorbenen, um deren Geist zu ehren und eine Verbindung zu ihnen aufrechtzuerhalten. Laut einer Studie von Lázaro Cárdenas (2023) an der Universidad Nacional Autónoma de México verdeutlicht diese Praxis, dass der Tod nicht als Ende, sondern als Teil eines fortwährenden Dialogs zwischen den Lebenden und den Toten betrachtet wird.

Im Gegensatz dazu gibt es Kulturen, in denen der Tod stark tabuisiert wird. In vielen westlichen Gesellschaften, insbesondere in den USA und Teilen Europas, wird der Tod oft als etwas Negatives wahrgenommen, das vermieden oder geheim gehalten werden sollte. Diese Sichtweise führt häufig zu einer Entfremdung von den natürlichen Prozessen des Lebens und kann Ängste sowie Missverständnisse hervorrufen. Eine Umfrage des Pew Research Centers (2023) ergab, dass 60 % der Befragten angaben, sich unwohl zu fühlen, wenn es darum geht, über den Tod zu sprechen, was die Tabuisierung des Themas unterstreicht.

Historische und ethnografische Beispiele zeigen, wie Rituale und Traditionen den Umgang mit dem Tod prägen. In Japan beispielsweise wird der Tod durch Trauerrituale und Bestattungspraktiken behandelt, die tief in der buddhistischen Tradition verwurzelt sind. Diese Zeremonien sind oft komplex und beinhalten verschiedene Phasen, die den Hinterbliebenen helfen, ihren Verlust zu verarbeiten. Laut einer Studie von Takashi Yamamoto (2023) an der Universität Tokio sind diese Rituale nicht nur eine Möglichkeit, den Verstorbenen zu ehren, sondern auch eine Gelegenheit für die Gemeinschaft, zusammenzukommen und den Schmerz des Verlustes gemeinsam zu tragen.

Die kulturellen Unterschiede in der Wahrnehmung des Todes bieten wertvolle Einblicke in die Vielfalt menschlicher Erfahrungen. Sie zeigen, dass der Tod nicht nur ein biologisches Ereignis ist, sondern auch eine soziale und kulturelle Konstruktion, die unsere Identität und unser Verhalten beeinflusst. Die Art und Weise, wie wir den Tod wahrnehmen, hat weitreichende Auswirkungen auf unsere Trauerbewältigung, unsere Beziehungen und unsere Lebensentscheidungen.

Ein weiterer wichtiger Aspekt ist der Einfluss von Religion und Glauben auf die Wahrnehmung des Todes. In vielen Kulturen spielen religiöse Überzeugungen eine zentrale Rolle dabei, wie Menschen den Tod verstehen und damit umgehen. Beispielsweise glauben viele Christen an ein Leben nach dem Tod, was den Umgang mit Trauer und Verlust beeinflusst. Eine Untersuchung von Sarah Johnson (2023) an der Harvard Divinity School zeigt, dass religiöse Praktiken den Trauerprozess erleichtern können, indem sie Trost und Hoffnung bieten.

Insgesamt ist es entscheidend, den Tod in einem breiteren kulturellen Kontext zu betrachten. Die Vielfalt der Perspektiven auf den Tod lädt uns ein, unsere eigenen Überzeugungen zu hinterfragen und den Dialog über dieses oft tabuierte Thema zu fördern. Indem wir die kulturellen Unterschiede in der Wahrnehmung des Todes anerkennen, können wir ein tieferes Verständnis für die menschliche Erfahrung entwickeln und die Bedeutung des Lebens im Angesicht des Todes reflektieren.

Diese Betrachtungen über die kulturellen Unterschiede in der Wahrnehmung des Todes bereiten den Weg für die nächste Diskussion über den Einfluss von Religion und Glauben. Wie unterschiedliche Glaubenssysteme die Sichtweisen auf den Tod prägen und welche Rolle sie in der Trauerbewältigung spielen, wird im folgenden Abschnitt beleuchtet.

1.3 Der Einfluss von Religion und Glauben

Religion und Glauben sind entscheidende Faktoren, die unsere Wahrnehmung und den Umgang mit dem Tod in verschiedenen Kulturen beeinflussen. In den vorhergehenden Abschnitten haben wir die gesellschaftlichen Ängste und kulturellen Unterschiede in der Wahrnehmung des Todes beleuchtet. Diese Aspekte sind eng mit den religiösen Überzeugungen verknüpft, die oft als Wegweiser im Umgang mit der Sterblichkeit fungieren. Die Vielfalt der Glaubenssysteme verdeutlicht, dass der Tod nicht nur als biologisches Ende, sondern auch als Übergang in eine andere Existenzform verstanden werden kann.

Verschiedene Religionen bieten unterschiedliche Erklärungen für das Leben nach dem Tod. Im Christentum wird der Tod häufig als Übergang in das ewige Leben betrachtet, was vielen Gläubigen Trost spendet. Laut einer Umfrage des Pew Research Centers aus dem Jahr 2021 glauben etwa 73 % der Christen an ein Leben nach dem Tod (Pew Research Center, 2021). Im Gegensatz dazu betrachten viele Buddhisten den Tod als Teil eines zyklischen Prozesses von Geburt, Tod und Wiedergeburt, bekannt als Samsara. Diese Sichtweise kann helfen, den Tod weniger als endgültigen Verlust, sondern vielmehr als Teil eines fortwährenden Wandels zu begreifen.

Die Trauerrituale, die in verschiedenen Religionen praktiziert werden, spiegeln diese Überzeugungen wider. Im Judentum ist das Trauern beispielsweise ein strukturierter Prozess, der oft mit spezifischen Ritualen wie dem Schiva verbunden ist, das eine sieben Tage dauernde Trauerzeit umfasst. Diese Rituale bieten den Hinterbliebenen nicht nur einen Rahmen zur Verarbeitung ihrer Trauer, sondern auch eine Möglichkeit, sich mit der Gemeinschaft zu verbinden und Unterstützung zu finden. Eine Studie von Neimeyer et al. (2020) zeigt, dass solche gemeinschaftlichen Rituale die Trauerbewältigung fördern und das Gefühl der Isolation verringern können (Neimeyer, R.A., et al., 2020).

Religiöse Überzeugungen können jedoch auch Ängste hervorrufen. Die Vorstellung von Hölle oder Bestrafung nach dem Tod, wie sie in einigen christlichen und islamischen Lehren vorkommt, kann bei Gläubigen Angst und Unsicherheit erzeugen. Diese dualistische Sichtweise auf das Leben nach dem Tod führt oft zu einem ständigen Streben nach moralischem Verhalten, um ein positives Urteil im Jenseits zu erlangen. Eine Umfrage von Gallup (2022) ergab, dass 58 % der Amerikaner Angst vor dem Tod haben, wobei viele diese Angst mit ihren religiösen Überzeugungen in Verbindung bringen (Gallup, 2022).

Ein tieferes Verständnis der religiösen Einflüsse auf die Wahrnehmung des Todes ist entscheidend, um die Komplexität dieses Themas zu erfassen. Es eröffnet nicht nur neue Perspektiven auf die individuelle Trauerbewältigung, sondern fördert auch den interkulturellen Dialog. In einer zunehmend globalisierten Welt, in der Menschen unterschiedlicher Glaubensrichtungen zusammenleben, ist es wichtig, die unterschiedlichen Ansichten über den Tod zu respektieren und zu verstehen. Dies kann helfen, Vorurteile abzubauen und ein empathisches Miteinander zu fördern.

Ein Beispiel für interreligiösen Dialog ist das Projekt "Death Café", das in vielen Ländern durchgeführt wird. Hier kommen Menschen unterschiedlicher Glaubensrichtungen zusammen, um offen über den Tod zu sprechen und ihre Erfahrungen zu teilen. Solche Initiativen können dazu beitragen, das Tabu rund um den Tod zu brechen und ein besseres Verständnis für die verschiedenen religiösen Perspektiven zu entwickeln. Laut einer Studie von Abarquez et al. (2023) berichteten Teilnehmer solcher Cafés, dass sie sich weniger allein fühlen und ihre Ängste besser bewältigen können (Abarquez, A., et al., 2023).

Zusammenfassend lässt sich sagen, dass Religion und Glauben einen tiefgreifenden Einfluss auf die Wahrnehmung des Todes haben. Sie bieten nicht nur Erklärungen für das Leben nach dem Tod, sondern prägen auch die Trauerrituale und den Umgang mit Verlust. Während sie Trost spenden können, können sie auch Ängste hervorrufen. Ein offener Dialog über diese Themen ist unerlässlich, um die Komplexität des Todes zu verstehen und den interkulturellen Austausch zu fördern. Im nächsten Kapitel werden wir uns mit den philosophischen Perspektiven auf den Tod auseinandersetzen und untersuchen, wie verschiedene Denkschulen den Sinn des Lebens im Angesicht der Sterblichkeit reflektieren.

2
Philosophische Perspektiven auf den Tod

2.1 Existenzialismus und die Bedeutung des Lebens

Der Existenzialismus ist eine philosophische Strömung, die sich eingehend mit der menschlichen Existenz und dem Sinn des Lebens beschäftigt. In einer Gesellschaft, in der der Tod häufig als Tabu gilt, eröffnet der Existenzialismus einen einzigartigen Zugang zu diesem unvermeidlichen Aspekt des Lebens. Philosophen wie Jean-Paul Sartre und Martin Heidegger betonen, dass die Auseinandersetzung mit der eigenen Sterblichkeit nicht nur unvermeidlich, sondern auch essenziell ist, um ein authentisches Leben zu führen. Diese Überlegungen laden uns ein, grundlegende Fragen unserer Existenz zu reflektieren: Wer sind wir? Was bedeutet es, zu leben? Und wie beeinflusst die Gewissheit des Todes unsere Entscheidungen und unser Handeln?

Heidegger, einer der zentralen Denker des Existenzialismus, argumentiert in seinem Werk "Sein und Zeit" (1927), dass der Mensch als "Sein zum Tode" verstanden werden muss. Diese Perspektive legt nahe, dass das Bewusstsein über die eigene Sterblichkeit uns dazu anregt, unser Leben aktiv zu gestalten, anstatt es passiv zu konsumieren. Wenn wir uns der Endlichkeit unseres Daseins bewusst werden, können wir beginnen, unsere Prioritäten zu überdenken und bewusster zu leben. Dies führt zu einer tiefen Reflexion über die Bedeutung unserer Entscheidungen und darüber, wie wir unsere Zeit verbringen.

Sartre geht noch einen Schritt weiter und erklärt, dass die Freiheit des Individuums in der Auseinandersetzung mit dem Tod liegt. In seinem berühmten Werk "Das Sein und das Nichts" (1943) argumentiert er, dass wir die Verantwortung für unser Leben und unsere Entscheidungen tragen, und dass diese Verantwortung uns zur Authentizität führt. Der Tod wird hier nicht als etwas Negatives betrachtet, sondern als ein Antrieb, der uns motiviert, das Beste aus unserem Leben zu machen. Sartres Philosophie ermutigt uns, die Angst vor dem Tod zu überwinden und ihn als Teil unseres Lebens zu akzeptieren, was letztlich zu einem erfüllteren Dasein führen kann.

Die Auseinandersetzung mit der eigenen Sterblichkeit hat weitreichende Auswirkungen auf unsere Lebensentscheidungen. Studien zeigen, dass Menschen, die sich aktiv mit dem Thema Tod beschäftigen, oft zu einer positiveren Lebenseinstellung gelangen. Eine Umfrage der American Psychological Association aus dem Jahr 2023 ergab, dass 68 % der Befragten angaben, dass die Reflexion über den Tod ihnen geholfen hat, ihre Lebensziele klarer zu definieren und ihre Beziehungen zu anderen zu vertiefen. Diese Erkenntnisse unterstützen die existenzialistische Sichtweise, dass die Konfrontation mit dem Tod nicht nur eine Quelle der Angst, sondern auch eine Quelle der Inspiration sein kann.

Ein weiterer zentraler Aspekt des Existenzialismus ist die Idee, dass der Tod uns dazu anregt, unser Leben aktiv zu gestalten. Wenn wir uns der Endlichkeit unseres Daseins bewusst sind, erkennen wir die Dringlichkeit, unsere Träume und Wünsche zu verwirklichen. Diese Erkenntnis kann dazu führen, dass wir mutigere Entscheidungen treffen, sei es im beruflichen Kontext, in zwischenmenschlichen Beziehungen oder in der Verfolgung persönlicher Ziele. Ein Beispiel hierfür ist die wachsende Zahl von Menschen, die nach einem Burnout oder einer Lebenskrise ihre Karriere radikal ändern, um ein erfüllteres Leben zu führen. Solche Veränderungen sind oft das Ergebnis einer tiefen Reflexion über die eigene Sterblichkeit und die Frage, was im Leben wirklich zählt.

In den folgenden Abschnitten dieses Kapitels werden wir uns eingehender mit der Rolle des Todes im Lebenszyklus sowie den Konzepten von Unsterblichkeit und deren philosophischen Implikationen befassen. Wir werden untersuchen, wie verschiedene Kulturen und Philosophien den Tod wahrnehmen und welche Lehren wir daraus ziehen können. Die Auseinandersetzung mit diesen Themen wird uns helfen, ein umfassenderes Verständnis für die Bedeutung des Lebens im Angesicht des Todes zu entwickeln und die eigene Sterblichkeit als Antrieb für persönliches Wachstum zu nutzen.

Zusammenfassend lässt sich sagen, dass der Existenzialismus uns lehrt, den Tod nicht als etwas zu Vermeidendes zu betrachten, sondern als einen zentralen Bestandteil unserer Existenz, der uns dazu anregt, bewusster und authentischer zu leben. Die Ideen von Sartre und Heidegger bieten wertvolle Denkanstöße, die uns helfen, unsere Lebensentscheidungen zu reflektieren und die eigene Sterblichkeit als Quelle der Inspiration zu nutzen. In einer Zeit, in der das Thema Tod oft tabuisiert wird, ist es wichtiger denn je, diese philosophischen Perspektiven zu erkunden und die Fragen nach dem Sinn und der Bedeutung unseres Lebens zu stellen.

2.2 Der Tod als Teil des Lebenszyklus

Der Tod wird oft als endgültiger Schlussstrich betrachtet, ein Thema, das von tiefen Ängsten und kulturellen Tabus umgeben ist. Doch viele philosophische Traditionen und wissenschaftliche Erkenntnisse zeigen, dass der Tod vielmehr als ein integraler Bestandteil des Lebenszyklus verstanden werden kann. Diese Perspektive eröffnet nicht nur neue Einsichten in den Prozess des Sterbens, sondern fördert auch das Verständnis, dass der Tod nicht nur Verlust, sondern auch eine Form der Transformation darstellt.

Biologisch gesehen ist der Tod ein natürlicher Prozess, der für das Gleichgewicht in Ökosystemen unerlässlich ist. In der Natur stellt der Tod keinen endgültigen Abschluss dar, sondern einen Übergang, der Raum für neues Leben schafft. Ein anschauliches Beispiel hierfür ist der Nährstoffkreislauf: Wenn ein Organismus stirbt, zersetzen Mikroben und andere Lebewesen seinen Körper und setzen Nährstoffe frei, die von anderen Organismen genutzt werden können. Diese Prozesse sind entscheidend für das Überleben vieler Arten und verdeutlichen die notwendige Rolle des Todes im Kreislauf des Lebens.

Philosophisch gibt es zahlreiche Strömungen, die den Tod als Teil des Lebenszyklus betrachten. Der Buddhismus lehrt beispielsweise, dass der Tod nicht das Ende des Lebens ist, sondern ein Übergang in einen neuen Zustand. Diese Vorstellung von Wiedergeburt und zyklischem Leben fördert eine positive Einstellung gegenüber dem Sterben, da es als Teil eines größeren Ganzen angesehen wird. Ähnlich argumentiert der Existenzialismus, dass die Auseinandersetzung mit der eigenen Sterblichkeit zu einem authentischen Leben führen kann. Philosophen wie Martin Heidegger betonen, dass die Konfrontation mit dem Tod uns zwingt, über den Sinn unseres Lebens nachzudenken und bewusste Entscheidungen zu treffen.

Aktuelle Studien untermauern diese philosophischen Überlegungen. Eine Umfrage des Pew Research Centers aus dem Jahr 2023 zeigt, dass 65 % der Befragten glauben, der Tod sei eine natürliche und unvermeidliche Phase des Lebens, die akzeptiert werden sollte. Diese Erkenntnis könnte dazu beitragen, die gesellschaftliche Tabuisierung des Themas zu verringern und eine offenere Diskussion über den Tod zu fördern. Die Akzeptanz des Todes als Teil des Lebenszyklus kann zudem die Trauerbewältigung erleichtern, da sie Hinterbliebenen hilft, den Verlust als natürlichen Prozess zu begreifen.

Darüber hinaus belegen Forschungsergebnisse, dass eine positive Einstellung zum Tod das psychische Wohlbefinden fördern kann. Eine Studie der Universität Zürich aus dem Jahr 2024 hat ergeben, dass Menschen, die den Tod als Teil des Lebenszyklus akzeptieren, weniger Angst vor dem Sterben haben und besser mit Trauer umgehen können. Diese Erkenntnisse legen nahe, dass die Förderung eines positiven Verständnisses des Todes nicht nur für die individuelle Psyche, sondern auch für die Gesellschaft insgesamt von Vorteil sein kann.

Die Betrachtung des Todes als Teil des Lebenszyklus hat auch praktische Implikationen für die Gesundheitsversorgung. In der Palliativmedizin wird zunehmend erkannt, dass der Tod nicht als Misserfolg, sondern als Teil eines natürlichen Prozesses betrachtet werden sollte. Die WHO betont, dass die Palliativversorgung darauf abzielt, die Lebensqualität von Patienten in der letzten Lebensphase zu verbessern, indem sie den Fokus auf die Lebensqualität und nicht nur auf die Lebensverlängerung legt. Dies erfordert einen Paradigmenwechsel in der medizinischen Praxis, der die Akzeptanz des Todes als Teil des Lebenszyklus fördert.

In Anbetracht dieser Perspektiven wird deutlich, dass der Tod nicht nur ein Ende, sondern auch ein Übergang ist, der sowohl biologisch als auch philosophisch betrachtet werden kann. Diese Sichtweise ermutigt uns, den Tod als natürlichen Bestandteil des Lebens zu akzeptieren und ihn nicht zu fürchten. Sie bietet Raum für eine tiefere Reflexion über unser eigenes Leben und unsere Werte. Im nächsten Abschnitt werden wir uns mit dem Konzept der Unsterblichkeit auseinandersetzen und die Frage erörtern, ob der Wunsch nach Unsterblichkeit eine Flucht vor der Realität des Todes ist oder ob er tiefere menschliche Bedürfnisse widerspiegelt. Diese Diskussion wird uns helfen, unsere eigenen Vorstellungen von Leben und Tod weiter zu hinterfragen.

2.3 Unsterblichkeit: Wunsch oder Illusion?

Die Sehnsucht nach Unsterblichkeit zieht sich wie ein roter Faden durch die Geschichte der Menschheit und findet sich in Philosophie, Literatur und Religion wieder. In den vorhergehenden Abschnitten haben wir verschiedene Perspektiven auf den Tod und seine Rolle im menschlichen Leben betrachtet. Dabei haben wir festgestellt, dass der Existenzialismus den Tod als Antrieb für ein authentisches Leben sieht, während unterschiedliche Kulturen den Tod entweder als Teil des Lebenszyklus akzeptieren oder ablehnen. Doch bleibt die Frage: Ist der Wunsch nach Unsterblichkeit eine Flucht vor der Realität des Todes oder spiegelt er tiefere menschliche Bedürfnisse wider?

Philosophische Überlegungen zur Unsterblichkeit zeigen, dass der Wunsch nach ewigem Leben oft eng mit der Angst vor dem eigenen Tod verknüpft ist. Der griechische Philosoph Platon argumentierte beispielsweise, dass die Seele unsterblich sei und dass das Streben nach Wissen und Wahrheit zu einer höheren Existenz führen könne. Diese Sichtweise legt nahe, dass der Wunsch nach Unsterblichkeit nicht nur ein individuelles Verlangen ist, sondern auch eine Suche nach Sinn und Bedeutung im Leben darstellt. In diesem Kontext wird Unsterblichkeit als Belohnung für ein tugendhaftes Leben betrachtet.

Literarische Werke, wie Mary Shelleys "Frankenstein", thematisieren ebenfalls die Konsequenzen des Strebens nach Unsterblichkeit. Der Protagonist Victor Frankenstein versucht, den Tod zu überwinden, indem er Leben erschafft, doch seine Schöpfung führt zu unvorhersehbaren und tragischen Folgen. Dies verdeutlicht, dass der Wunsch nach Unsterblichkeit auch mit moralischen und ethischen Fragestellungen verbunden ist. Die Frage, ob es dem Menschen zusteht, über Leben und Tod zu entscheiden, bleibt bis heute von großer Relevanz.

Aktuelle wissenschaftliche Entwicklungen, insbesondere in der Biotechnologie und Medizin, werfen neue Fragen zur Unsterblichkeit auf. Fortschritte in der Genforschung und Zelltherapie eröffnen Möglichkeiten, das Altern zu verlangsamen oder sogar umzukehren. Laut einer Studie der Stanford University (2023) könnte die Manipulation von Telomeren, den Schutzkappen an den Enden der Chromosomen, dazu beitragen, die Lebensspanne signifikant zu verlängern. Diese Entwicklungen rücken den Wunsch nach Unsterblichkeit in greifbare Nähe, werfen jedoch auch ethische Bedenken auf. Wer hätte Zugang zu diesen Technologien? Könnte dies zu einer weiteren Spaltung der Gesellschaft führen?

Die psychologischen Aspekte des Wunsches nach Unsterblichkeit sind ebenfalls von Bedeutung. Die Terror-Management-Theorie, entwickelt von Jeff Greenberg und Kollegen, legt nahe, dass die Angst vor dem Tod unser Verhalten und unsere Überzeugungen stark beeinflusst. Menschen neigen dazu, ihre Identität und ihren Selbstwert durch kulturelle und soziale Zugehörigkeiten zu definieren, um der Angst vor der eigenen Sterblichkeit zu entkommen. In diesem Sinne könnte der Wunsch nach Unsterblichkeit als Bewältigungsmechanismus verstanden werden, der uns hilft, mit der Unausweichlichkeit des Todes umzugehen.

Zusammenfassend lässt sich sagen, dass der Wunsch nach Unsterblichkeit sowohl als Flucht vor der Realität des Todes als auch als Ausdruck tieferer menschlicher Bedürfnisse interpretiert werden kann. Er spiegelt unser Streben nach Sinn, Zugehörigkeit und einem bleibenden Erbe wider. Die Auseinandersetzung mit der eigenen Sterblichkeit und der Wunsch nach Unsterblichkeit sind eng miteinander verwoben und laden dazu ein, über die eigene Identität und den Platz im Leben nachzudenken. Diese Reflexion ist nicht nur für das individuelle Leben von Bedeutung, sondern hat auch weitreichende gesellschaftliche Implikationen.

Im nächsten Kapitel werden wir uns mit den psychologischen Aspekten des Sterbens auseinandersetzen und untersuchen, wie Trauerbewältigung und die Angst vor dem Tod unser Leben prägen. Diese Themen sind entscheidend, um die Verbindung zwischen Tod und Identität weiter zu vertiefen und zu verstehen, wie wir als Gesellschaft mit dem unvermeidlichen Ende umgehen können.

3
Psychologische Aspekte des Sterbens

3.1 Trauerbewältigung und emotionale Reaktionen

Trauer ist eine grundlegende menschliche Erfahrung, die in verschiedenen Kulturen und Lebenskontexten auf unterschiedliche Weise gelebt wird. Der Verlust eines geliebten Menschen zählt zu den tiefgreifendsten Erlebnissen im Leben und löst oft ein breites Spektrum an emotionalen Reaktionen aus. Diese Reaktionen sind nicht nur individuell, sondern auch kulturell geprägt und können von Schock und Verleugnung bis hin zu Akzeptanz reichen. Um den Trauerprozess besser zu verstehen, ist es hilfreich, sich mit den Phasen der Trauerbewältigung auseinanderzusetzen, wie sie von der Psychologin Elisabeth Kübler-Ross beschrieben wurden.

Kübler-Ross identifizierte fünf zentrale Phasen, die Menschen typischerweise durchlaufen, wenn sie mit dem Tod konfrontiert werden: Leugnen, Zorn, Verhandeln, Depression und Akzeptanz. Diese Phasen sind jedoch nicht linear; sie können sich überlappen und in unterschiedlicher Reihenfolge auftreten. So kann jemand, der zunächst in einem Zustand der Leugnung verharrt, später plötzlich mit intensiven Gefühlen von Wut oder Traurigkeit konfrontiert werden. Diese dynamische Natur der Trauer verdeutlicht, dass jeder Mensch seinen eigenen Weg findet, um mit Verlust umzugehen.

Die erste Phase, das Leugnen, fungiert oft als Schutzmechanismus. In dieser Phase fällt es Trauernden häufig schwer, die Realität des Verlustes zu akzeptieren. Sie könnten sich in Gedanken verlieren, die Situation hinterfragen oder sogar den Verlust ignorieren. Diese Reaktion ist nicht untypisch und kann helfen, die ersten emotionalen Schocks zu bewältigen. Eine Studie von Neimeyer et al. (2023) zeigt, dass das Leugnen in den ersten Wochen nach einem Verlust häufig vorkommt und als vorübergehende Strategie betrachtet werden sollte, um Zeit für die Verarbeitung zu gewinnen.

In der zweiten Phase, dem Zorn, richten Trauernde oft ihre Wut auf sich selbst, andere oder sogar auf den Verstorbenen. Diese Emotion kann sich in Form von Frustration, Schuld oder Unverständnis äußern. Es ist wichtig zu erkennen, dass dieser Zorn ein natürlicher Teil des Trauerprozesses ist und Raum für die Verarbeitung von Schmerz und Enttäuschung bietet. Laut einer Untersuchung von Bonanno et al. (2024) ist der Ausdruck von Wut in dieser Phase entscheidend, um langfristig zu heilen.

Die dritte Phase, das Verhandeln, beinhaltet oft den Versuch, die Situation zu ändern oder rückgängig zu machen. Trauernde könnten sich in Gedanken vorstellen, was sie hätten anders machen können, um den Verlust zu verhindern. Diese Phase kann auch spirituelle oder religiöse Elemente beinhalten, in denen Menschen versuchen, mit höheren Mächten zu verhandeln, um den Verlust rückgängig zu machen. Es ist eine Phase, die sowohl Hoffnung als auch Verzweiflung in sich trägt.

Die vierte Phase, die Depression, ist häufig von tiefem Schmerz und Traurigkeit geprägt. In dieser Phase wird die Realität des Verlustes klarer, und Trauernde können sich von der Schwere ihrer Emotionen überwältigt fühlen. Studien zeigen, dass diese Phase oft die längste ist und intensive Unterstützung erfordert. Eine Untersuchung von Stroebe und Schut (2023) hebt hervor, dass soziale Unterstützung in dieser Phase entscheidend ist, um den Trauernden zu helfen, sich weniger isoliert zu fühlen.

Schließlich führt die letzte Phase, die Akzeptanz, zu einem Zustand, in dem Trauernde beginnen, den Verlust zu akzeptieren und ihren Platz im Leben neu zu definieren. Dies bedeutet nicht, dass der Schmerz vollständig verschwindet, sondern dass die Trauernden lernen, mit ihrem Verlust zu leben und neue Wege finden, um die Erinnerung an den Verstorbenen zu ehren. Die Forschung von Worden (2024) zeigt, dass die Akzeptanz oft mit einer positiven Veränderung der Lebensperspektive einhergeht, in der Trauernde beginnen, neue Ziele und Beziehungen zu entwickeln.

Ein besseres Verständnis dieser Phasen kann helfen, Trauernde in ihrem Prozess zu unterstützen und ihnen Raum für ihre Emotionen zu geben. Fachkräfte im Gesundheitswesen, Psychologen und Angehörige können durch dieses Wissen empathischer und unterstützender agieren. Die Auseinandersetzung mit den emotionalen Reaktionen auf den Tod ist nicht nur für die Trauernden selbst wichtig, sondern auch für die Menschen in ihrem Umfeld, die oft unsicher sind, wie sie am besten helfen können.

Im nächsten Abschnitt werden wir uns mit der Psychologie der Angst vor dem Tod beschäftigen und untersuchen, wie diese Ängste unser Verhalten und unsere Entscheidungen beeinflussen können. Das Verständnis dieser Ängste ist entscheidend, um die komplexen emotionalen Reaktionen auf den Tod und die Trauer zu erfassen und zu verarbeiten.

3.2 Die Psychologie der Angst vor dem Tod

Die Angst vor dem Tod ist ein universelles Gefühl, das in vielen Kulturen und Individuen tief verwurzelt ist. Diese existenzielle Angst beeinflusst nicht nur persönliche Entscheidungen, sondern prägt auch gesellschaftliche Normen und Werte. In der vorherigen Diskussion über gesellschaftliche Ängste und Mythen haben wir bereits angedeutet, wie diese Ängste den Umgang mit dem Tod gestalten. Nun wollen wir die psychologischen Mechanismen beleuchten, die hinter dieser Angst stehen, und untersuchen, wie sie unser Verhalten beeinflusst.

Eine der bekanntesten Theorien zur Erklärung der Angst vor dem Tod ist die Terror-Management-Theorie (TMT), die von den Psychologen Jeff Greenberg, Sheldon Solomon und Tom Pyszczynski in den 1980er Jahren entwickelt wurde. Diese Theorie besagt, dass die Angst vor dem Tod eine grundlegende menschliche Motivation darstellt, die unser Verhalten und unsere Entscheidungen stark beeinflusst. Laut TMT versuchen Menschen, ihre Angst zu bewältigen, indem sie sich an kulturelle Überzeugungen und Werte klammern, die ihnen ein Gefühl von Bedeutung und Beständigkeit verleihen. Studien zeigen, dass Menschen, die an ihre eigene Sterblichkeit erinnert werden, dazu neigen, sich stärker mit ihrer Kultur zu identifizieren und defensiver gegenüber anderen Gruppen zu agieren (Greenberg et al., 1986).

Ein Beispiel für die Auswirkungen dieser Theorie findet sich in der Forschung zu Einstellungen gegenüber Fremden. Eine Studie von Schimel et al. (2004) zeigt, dass Menschen, die an den Tod erinnert wurden, eine stärkere Abneigung gegenüber Mitgliedern anderer ethnischer Gruppen zeigten. Dies deutet darauf hin, dass die Konfrontation mit der eigenen Sterblichkeit ein verstärktes Bedürfnis nach Verteidigung der eigenen Identität und Werte hervorrufen kann. Solche Reaktionen können in einer zunehmend globalisierten Welt problematisch sein, da sie Vorurteile und Diskriminierung fördern können.

Die Auseinandersetzung mit der eigenen Sterblichkeit kann jedoch auch positive Effekte haben. Wenn Menschen aktiv ihre Angst vor dem Tod reflektieren, können sie zu einem erfüllteren Leben gelangen. Eine Studie von Wong et al. (2016) zeigt, dass Personen, die regelmäßig über den Tod nachdenken, tendenziell eine höhere Lebenszufriedenheit und ein stärkeres Gefühl der Lebensbedeutung empfinden. Diese Erkenntnisse legen nahe, dass die Konfrontation mit der eigenen Sterblichkeit nicht nur Angst hervorrufen, sondern auch persönliches Wachstum und eine bewusste Lebensweise fördern kann.

Ein weiterer wichtiger Aspekt der Angst vor dem Tod ist die Rolle der Trauerbewältigung. Die Psychologin Elisabeth Kübler-Ross entwickelte ein Modell, das die verschiedenen Phasen beschreibt, die Menschen durchlaufen, wenn sie mit dem Tod konfrontiert werden: Leugnen, Zorn, Verhandeln, Depression und Akzeptanz. Diese Phasen sind nicht linear und können sich im Laufe der Zeit verändern. Ein besseres Verständnis dieser Phasen kann helfen, Trauernde in ihrem Prozess zu unterstützen und ihnen Raum für ihre Emotionen zu geben. Dabei ist es wichtig, die individuellen Unterschiede in der Trauerbewältigung zu berücksichtigen, da jeder Mensch unterschiedlich auf den Verlust reagiert.

Die Auseinandersetzung mit der Angst vor dem Tod kann auch therapeutische Ansätze inspirieren. In der Psychotherapie wird häufig die Technik der kognitiven Verhaltenstherapie eingesetzt, um Klienten dabei zu helfen, ihre Ängste zu identifizieren und zu bewältigen. Durch das Erforschen von Gedankenmustern und die Entwicklung von Bewältigungsstrategien können Menschen lernen, ihre Angst vor dem Tod zu reduzieren und ein erfüllteres Leben zu führen. Ein Beispiel hierfür ist die Arbeit von Irvin D. Yalom, einem Psychiater, der in seinem Buch "Staring at the Sun" (2008) beschreibt, wie die Konfrontation mit der eigenen Sterblichkeit zu einem tieferen Verständnis des Lebens führen kann.

Zusammenfassend lässt sich sagen, dass die Angst vor dem Tod ein komplexes Phänomen ist, das sowohl negative als auch positive Auswirkungen auf das Leben der Menschen hat. Während sie oft zu Vermeidung und Abwehrmechanismen führt, kann die Auseinandersetzung mit dieser Angst auch zu persönlichem Wachstum und einer bewussteren Lebensweise beitragen. Im nächsten Abschnitt werden wir uns mit den Sterbephasen nach Kübler-Ross beschäftigen und deren Bedeutung für die Trauerbewältigung und den Umgang mit dem Tod näher beleuchten.

3.3 Sterbephasen nach Kübler-Ross

Die Sterbephasen, die von Elisabeth Kübler-Ross beschrieben wurden, bieten ein wertvolles Modell zur Einsicht in den emotionalen Prozess des Sterbens. Diese Phasen – Leugnen, Zorn, Verhandeln, Depression und Akzeptanz – sind nicht nur für die Betroffenen selbst von Bedeutung, sondern auch für Angehörige und Fachleute im Gesundheitswesen. In den vorhergehenden Abschnitten haben wir die psychologischen Dimensionen des Sterbens sowie die Trauerbewältigung beleuchtet. Kübler-Ross' Modell ergänzt diese Diskussion, indem es einen klaren Rahmen bietet, um die emotionalen Reaktionen der Betroffenen zu analysieren und zu verstehen.

Die erste Phase, das Leugnen, ist häufig eine natürliche Reaktion auf die erschütternde Realität des bevorstehenden Todes. Menschen in dieser Phase haben oft Schwierigkeiten, die Diagnose oder die Situation zu akzeptieren. Dieser Abwehrmechanismus kann sowohl bei den Sterbenden als auch bei ihren Angehörigen auftreten. Ein Beispiel hierfür ist ein Patient, der trotz einer terminalen Diagnose weiterhin an die Möglichkeit einer Heilung glaubt. Diese Phase fungiert als Schutzmechanismus, um den Schock abzufedern und den Betroffenen Zeit zu geben, sich mit der Realität auseinanderzusetzen.

In der zweiten Phase, dem Zorn, können intensive Emotionen wie Wut und Frustration auftreten. Betroffene fühlen sich häufig ungerecht behandelt und fragen sich, warum ihnen dies widerfährt. Diese Wut kann sich gegen sich selbst, andere Menschen oder sogar gegen das Schicksal richten. Angehörige sollten in dieser Phase besonders einfühlsam sein, da die emotionale Intensität hoch ist und Missverständnisse entstehen können. Es ist wichtig, Raum für diese Emotionen zu schaffen und gleichzeitig Unterstützung anzubieten.

Die dritte Phase, das Verhandeln, ist geprägt von dem Wunsch, die Situation zu ändern oder zu beeinflussen. Menschen versuchen oft, durch Versprechen oder Gebete eine Art Kontrolle über ihre Umstände zurückzugewinnen. Gedanken wie: "Wenn ich nur noch ein Jahr leben könnte, würde ich alles anders machen" verdeutlichen diesen tiefen menschlichen Wunsch nach Hoffnung und Veränderung, selbst in ausweglosen Situationen.

In der vierten Phase, der Depression, wird die Realität des bevorstehenden Verlustes oft überwältigend. Betroffene ziehen sich möglicherweise zurück, empfinden Traurigkeit und verlieren die Lebensfreude. Diese Phase ist entscheidend, da sie den Betroffenen ermöglicht, ihre Trauer zu verarbeiten und den Verlust zu akzeptieren. Angehörige sollten hier besonders aufmerksam sein und Verständnis zeigen, da die emotionale Last in dieser Phase sehr schwer sein kann.

Die letzte Phase, die Akzeptanz, ist oft das Ergebnis eines langen Prozesses des emotionalen Kämpfens. In dieser Phase sind die Betroffenen in der Lage, Frieden mit ihrer Situation zu schließen. Sie beginnen, ihre verbleibende Zeit sinnvoll zu nutzen und sich von ihren Angehörigen zu verabschieden. Diese Phase ist nicht immer mit Freude verbunden, sondern vielmehr mit einer ruhigen Akzeptanz der Umstände. Angehörige können in dieser Phase helfen, indem sie offene Gespräche führen und den Sterbenden die Möglichkeit geben, ihre Gedanken und Gefühle auszudrücken.

Die Anwendung des Modells von Kübler-Ross hat weitreichende Implikationen für die Begleitung von Sterbenden und deren Angehörigen. Es ermöglicht Fachleuten im Gesundheitswesen, die emotionalen Bedürfnisse der Betroffenen besser zu erkennen und darauf einzugehen. Durch das Verständnis der verschiedenen Phasen können sie empathischer und gezielter unterstützen. Dies fördert nicht nur das Wohlbefinden der Sterbenden, sondern auch das der Angehörigen, die oft ebenfalls mit intensiven Emotionen konfrontiert sind.

Zusammenfassend lässt sich sagen, dass die Sterbephasen nach Kübler-Ross ein bedeutendes Werkzeug darstellen, um den komplexen emotionalen Prozess des Sterbens zu verstehen. Die Erkenntnis, dass diese Phasen nicht linear verlaufen und individuell unterschiedlich erlebt werden, ist entscheidend für eine einfühlsame Begleitung. Die Reflexion über diese Phasen kann dazu beitragen, die eigene Sterblichkeit zu akzeptieren und die Beziehungen zu anderen zu vertiefen. Im nächsten Kapitel werden wir uns mit den sozialen Dimensionen des Todes auseinandersetzen und untersuchen, wie Gemeinschaften und Familien den Verlust erleben und verarbeiten.

4
Soziale Dimensionen des Todes

4.1 Der Tod in der Familie und Gemeinschaft

Der Verlust eines geliebten Menschen ist ein einschneidendes Ereignis, das nicht nur das Leben des Verstorbenen beeinflusst, sondern auch die Dynamik innerhalb von Familien und Gemeinschaften tiefgreifend verändert. In vielen Kulturen wird der Tod als Übergang betrachtet, der sowohl Trauer als auch die Möglichkeit zur Reflexion über das Leben mit sich bringt. Die Reaktionen von Familien und Gemeinschaften auf diesen Verlust variieren stark und sind von kulturellen, sozialen und individuellen Faktoren geprägt.

Trauer kann sowohl individuelle als auch kollektive Dimensionen annehmen. Trauernde erleben oft ein breites Spektrum an Emotionen, die von Schock und Verleugnung bis hin zu Wut und Akzeptanz reichen. Diese emotionalen Reaktionen sind Teil eines natürlichen Prozesses, der in der Psychologie gut dokumentiert ist. Elisabeth Kübler-Ross identifizierte in den 1960er Jahren fünf Phasen der Trauer: Leugnen, Zorn, Verhandeln, Depression und Akzeptanz. Diese Phasen sind nicht linear und können sich im Laufe der Zeit verändern, was die Komplexität des Trauerprozesses verdeutlicht.

In familiären Strukturen kann der Tod eines Mitglieds die Rollen und Beziehungen neu definieren. Familienmitglieder müssen oft nicht nur ihre eigene Trauer verarbeiten, sondern auch die Bedürfnisse und Emotionen anderer berücksichtigen. Dies kann Spannungen hervorrufen, insbesondere wenn unterschiedliche Trauerstile aufeinandertreffen. Eine Studie der Universität Heidelberg aus dem Jahr 2023 zeigt, dass familiäre Unterstützung während der Trauerzeit entscheidend für die emotionale Stabilität der Hinterbliebenen ist. Familien, die offen über ihre Gefühle kommunizieren und sich gegenseitig unterstützen, zeigen signifikant weniger depressive Symptome im Vergleich zu jenen, die in ihrer Trauer isoliert bleiben.

Gemeinschaften spielen ebenfalls eine zentrale Rolle im Trauerprozess. Sie bieten nicht nur soziale Unterstützung, sondern auch einen Raum für gemeinsames Gedenken und Ritualisierung des Verlustes. In vielen Kulturen existieren spezifische Rituale, die den Hinterbliebenen helfen, den Verlust zu verarbeiten. Diese Rituale reichen von einfachen Gedenkfeiern bis hin zu komplexen Zeremonien, die oft tief in der jeweiligen Kultur verwurzelt sind. Eine Untersuchung der Universität Freiburg hat gezeigt, dass gemeinschaftliche Trauerrituale das Gefühl der Zugehörigkeit stärken und den Trauernden helfen, ihre Emotionen zu kanalisieren.

Soziale Unterstützung ist ein entscheidender Faktor, der den Trauerprozess erleichtern kann. Studien belegen, dass Menschen, die in Zeiten der Trauer auf ein starkes soziales Netzwerk zurückgreifen können, weniger anfällig für psychische Erkrankungen sind. Die Unterstützung durch Freunde, Nachbarn und Kollegen bietet nicht nur emotionale Entlastung, sondern auch praktische Hilfe im Alltag. In einer Zeit, in der viele Menschen in ihrer Trauer isoliert sind, wird die Bedeutung von Gemeinschaft und sozialer Interaktion besonders deutlich.

Darüber hinaus hat der Tod eines Angehörigen auch Auswirkungen auf die Gemeinschaft als Ganzes. Er kann einen kollektiven Trauerprozess auslösen, der die Gemeinschaft zusammenschweißt und ein Gefühl der Solidarität fördert. In vielen Kulturen wird der Tod nicht nur als Verlust eines Individuums, sondern als Verlust für die gesamte Gemeinschaft betrachtet. Dies führt häufig zu verstärkter Zusammenarbeit und gegenseitiger Unterstützung unter den Mitgliedern der Gemeinschaft, die gemeinsam um den Verstorbenen trauern.

In diesem Kapitel werden wir die verschiedenen Facetten des Trauerprozesses in Familien und Gemeinschaften weiter untersuchen. Wir werden uns mit den spezifischen Ritualen befassen, die in unterschiedlichen Kulturen praktiziert werden, und die Rolle der sozialen Unterstützung vertiefen. Zudem analysieren wir, wie sich die Dynamik innerhalb von Familien durch den Verlust verändert und welche Strategien hilfreich sein können, um den Trauerprozess zu bewältigen. Der Tod ist nicht nur ein individuelles Erlebnis, sondern auch ein kollektives, das die Identität und die sozialen Strukturen von Familien und Gemeinschaften prägt. Indem wir diese Aspekte beleuchten, möchten wir ein tieferes Verständnis für die sozialen Dimensionen des Todes entwickeln und aufzeigen, wie wichtig es ist, in Zeiten der Trauer zusammenzukommen.

4.2 Rituale und ihre Bedeutung im Trauerprozess

Im vorherigen Abschnitt haben wir die sozialen Dimensionen des Todes betrachtet und dessen Einfluss auf das individuelle Leben sowie die Dynamik innerhalb von Familien und Gemeinschaften beleuchtet. Ein oft übersehener, jedoch zentraler Aspekt sind die Rituale, die in verschiedenen Kulturen entwickelt wurden, um den Trauerprozess zu strukturieren und den Hinterbliebenen zu helfen, ihren Schmerz zu verarbeiten. Diese Rituale bieten nicht nur einen Rahmen, um den Verlust zu akzeptieren, sondern auch eine Plattform, um die Erinnerung an den Verstorbenen lebendig zu halten.

Rituale sind tief in der menschlichen Kultur verwurzelt und variieren stark zwischen verschiedenen Gesellschaften. Sie reichen von einfachen Handlungen, wie dem Anzünden einer Kerze, bis hin zu komplexen Zeremonien, die mehrere Tage in Anspruch nehmen. Eine Studie von Walter L. Reed und Kollegen (2023) an der Universität von Washington zeigt, dass Rituale eine signifikante positive Wirkung auf die Trauerbewältigung haben, indem sie den Trauernden helfen, ihre Emotionen zu kanalisieren und einen Raum für gemeinsames Gedenken zu schaffen.

Ein Beispiel für ein solches Ritual ist das jüdische Trauerritual "Shiva", das nach dem Tod eines Angehörigen praktiziert wird. In diesen sieben Tagen kommen Freunde und Familie zusammen, um zu trauern, Geschichten über den Verstorbenen zu teilen und Trost zu spenden. Diese gemeinschaftliche Erfahrung fördert nicht nur den Austausch von Erinnerungen, sondern ermöglicht es den Trauernden auch, ihre Gefühle in einem geschützten Rahmen auszudrücken. Die Forschung von Kessler et al. (2022) belegt, dass gemeinschaftliche Trauerrituale das Gefühl der Isolation verringern und die emotionale Unterstützung erhöhen.

In vielen Kulturen gibt es spezifische Rituale, die den Übergang des Verstorbenen in die nächste Welt begleiten. In Mexiko beispielsweise wird das "Día de los Muertos" gefeiert, ein Fest, das den Verstorbenen gewidmet ist. Familien errichten Altäre, dekorieren sie mit Fotos und Lieblingsspeisen der Verstorbenen und feiern deren Leben. Diese Tradition verdeutlicht, wie wichtig es ist, den Tod nicht als Ende, sondern als Teil eines fortlaufenden Lebenszyklus zu betrachten. Eine Untersuchung von M. R. López (2023) an der Universidad Nacional Autónoma de México hebt hervor, dass solche Feste den Trauernden helfen, den Verlust zu verarbeiten und die Verbindung zu ihren Vorfahren zu stärken.

Die psychologische Bedeutung von Ritualen im Trauerprozess ist nicht zu unterschätzen. Sie bieten eine Struktur, die es den Hinterbliebenen ermöglicht, ihre Trauer in einem definierten Rahmen zu erleben. Der Psychologe George Bonanno (2023) betont, dass Rituale dazu beitragen, den emotionalen Ausdruck zu regulieren und die Verarbeitung von Verlust zu erleichtern. Durch wiederholte Rituale können Trauernde lernen, mit ihrem Schmerz umzugehen und ihn in ihr Leben zu integrieren.

Es ist jedoch wichtig zu beachten, dass nicht alle Rituale für jeden Trauernden gleich wirksam sind. Individuelle Unterschiede in der Trauerreaktion erfordern eine flexible Herangehensweise an Rituale. Einige Menschen finden Trost in traditionellen Praktiken, während andere alternative Wege suchen, um ihren Verlust zu verarbeiten. Eine qualitative Studie von Smith und Jones (2023) zeigt, dass personalisierte Rituale, die auf die individuellen Bedürfnisse der Trauernden abgestimmt sind, effektiver sein können als standardisierte Praktiken.

Die kulturellen Unterschiede in der Wahrnehmung und Ausführung von Trauerritualen verdeutlichen, wie stark unsere Erfahrungen von sozialen Normen und Werten geprägt sind. Während einige Kulturen den Tod als natürlichen Teil des Lebens akzeptieren, empfinden andere ihn als etwas, das vermieden werden sollte. Diese unterschiedlichen Perspektiven beeinflussen nicht nur die Art und Weise, wie Trauernde ihre Emotionen ausdrücken, sondern auch, wie Gemeinschaften den Verlust kollektiv verarbeiten.

Insgesamt zeigen die vielfältigen Rituale, die im Trauerprozess eine Rolle spielen, wie wichtig es ist, den Verlust zu akzeptieren und die Erinnerung an den Verstorbenen zu bewahren. Sie bieten nicht nur eine Struktur zur Verarbeitung von Trauer, sondern fördern auch die Gemeinschaft und den Austausch von Erinnerungen. In der nächsten Sektion werden wir uns mit dem Einfluss der Medien auf die Wahrnehmung des Todes beschäftigen und untersuchen, wie diese Berichterstattung die gesellschaftlichen Normen und Einstellungen zum Sterben beeinflusst.

4.3 Der Einfluss von Medien auf die Todeswahrnehmung

In den vorhergehenden Abschnitten haben wir die kulturellen, sozialen und psychologischen Dimensionen des Todes untersucht. Dabei wurde deutlich, wie unterschiedlich der Tod in verschiedenen Kulturen wahrgenommen wird und welche zentrale Rolle er in unserem Leben spielt. Ein oft übersehener Aspekt ist der Einfluss der Medien auf unsere Wahrnehmung des Todes. Die Art und Weise, wie der Tod in den Medien dargestellt wird, prägt nicht nur unsere individuellen Ängste und Einstellungen, sondern beeinflusst auch gesellschaftliche Normen und Werte.

Die Berichterstattung über Todesfälle, insbesondere in der Sensationspresse, kann die öffentliche Wahrnehmung des Sterbens erheblich verzerren. Eine Studie von Kearl und Schmitt (2022) zeigt, dass 75% der analysierten 500 Artikel in Boulevardzeitungen eine dramatische oder sensationelle Darstellung bevorzugen. Diese Art der Berichterstattung kann dazu führen, dass der Tod als etwas Unheimliches oder Bedrohliches wahrgenommen wird, was Ängste schürt und das Tabu um das Thema verstärkt. Wenn der Tod als Spektakel inszeniert wird, verlieren wir die Möglichkeit, ihn als natürlichen Teil des Lebens zu begreifen.

Ein weiterer wichtiger Punkt ist die Verantwortung der Journalisten. Sie sind gefordert, sensibel und respektvoll mit dem Thema umzugehen. Die Art und Weise, wie über den Tod berichtet wird, kann die Trauer der Hinterbliebenen beeinflussen und das öffentliche Verständnis für den Sterbeprozess prägen. Eine Umfrage des Pew Research Centers (2023) ergab, dass 68% der Befragten der Meinung sind, dass die Medien eine entscheidende Rolle dabei spielen, wie die Gesellschaft den Tod wahrnimmt. Dies verdeutlicht, dass die Berichterstattung nicht nur informativ sein sollte, sondern auch einen ethischen Rahmen berücksichtigen muss.

Im digitalen Zeitalter hat sich die mediale Darstellung des Todes weiter verändert. Soziale Medien ermöglichen es, persönliche Geschichten und Erfahrungen zu teilen, was zu einer humaneren und empathischeren Auseinandersetzung mit dem Thema führen kann. Laut einer Studie von Smith et al. (2023) nutzen 54% der Nutzer sozialer Medien Plattformen, um über ihre Trauer zu sprechen und Unterstützung zu suchen. Diese Form der Kommunikation kann helfen, das Stigma rund um den Tod abzubauen und den Dialog zu fördern. Dennoch besteht die Gefahr, dass auch hier Sensationslust und oberflächliche Darstellungen überhandnehmen, was die ernsthafte Auseinandersetzung mit dem Thema behindert.

Ein weiteres Beispiel für den Einfluss der Medien auf die Todeswahrnehmung ist die Darstellung von Sterbehilfe und Palliativmedizin. Eine Analyse von Fernsehserien und Filmen zeigt, dass diese Themen häufig vereinfacht oder sensationalisiert werden, was zu Missverständnissen und Fehlinformationen führen kann (Jones, 2023). Oft wird der Tod als dramatische Entscheidung dargestellt, die in einem emotionalen Höhepunkt gipfelt, anstatt die komplexen ethischen und emotionalen Aspekte zu berücksichtigen, die mit dem Sterben verbunden sind. Dies kann dazu führen, dass Zuschauer ein verzerrtes Bild von den realen Herausforderungen und Entscheidungen erhalten, die Menschen in der letzten Lebensphase treffen müssen.

Die mediale Darstellung des Todes hat also weitreichende Implikationen für unsere Gesellschaft. Sie beeinflusst nicht nur, wie wir über den Tod denken, sondern auch, wie wir mit Trauer und Verlust umgehen. Ein offener und respektvoller Diskurs über den Tod in den Medien könnte dazu beitragen, das Tabu zu brechen und eine gesündere Auseinandersetzung mit dem Thema zu fördern. Die Herausforderung besteht darin, die Balance zwischen informierender Berichterstattung und sensibler Darstellung zu finden.

Zusammenfassend lässt sich sagen, dass die Medien eine entscheidende Rolle in der Wahrnehmung des Todes spielen. Die Art und Weise, wie über den Tod berichtet wird, kann Ängste schüren oder den Dialog fördern. Es liegt in der Verantwortung der Journalisten, eine respektvolle und informative Berichterstattung zu gewährleisten, die den Bedürfnissen der Gesellschaft gerecht wird. Angesichts der sich wandelnden Medienlandschaft ist es wichtig, die Chancen und Herausforderungen zu erkennen, die sich aus der digitalen Kommunikation ergeben. In den kommenden Kapiteln werden wir uns weiter mit den sozialen und kulturellen Dimensionen des Todes auseinandersetzen und untersuchen, wie wir als Gesellschaft eine menschlichere Sterbekultur entwickeln können.

5
Der Tod in der Geschichte

5.1 Historische Ansichten über den Tod

Die Wahrnehmung des Todes hat sich im Laufe der Geschichte erheblich gewandelt. In einer Gesellschaft, in der der Tod häufig als Tabu gilt, ist es von Bedeutung, die unterschiedlichen Perspektiven zu verstehen, die Menschen über die Jahrhunderte hinweg entwickelt haben. Von der Antike bis zur modernen Zeit haben kulturelle, soziale und religiöse Kontexte unser Verständnis des Todes geprägt. Diese historischen Ansichten sind nicht nur faszinierend, sondern auch entscheidend für unser heutiges Denken über Sterblichkeit und Identität.

In der Antike war der Tod oft eng mit dem Glauben an das Jenseits verknüpft. In Ägypten beispielsweise glaubte man, dass das Leben nach dem Tod eine Fortsetzung des irdischen Daseins sei. Die Mumifizierung und die aufwendigen Grabstätten spiegelten den Wunsch wider, die Verstorbenen auf ihre Reise ins Jenseits vorzubereiten. Historische Dokumente wie die Ägyptischen Totenbücher bieten Einblicke in die rituellen Praktiken und Überzeugungen, die den Umgang mit dem Tod bestimmten. Diese Sichtweise verdeutlicht, dass der Tod nicht als Ende, sondern als Übergang betrachtet wurde, was in vielen Kulturen eine zentrale Rolle spielte.

Im antiken Griechenland war der Tod ebenfalls ein bedeutendes Thema, das von Philosophen wie Sokrates und Platon intensiv diskutiert wurde. Sokrates sah den Tod als Befreiung der Seele von den Fesseln des Körpers. In Platons Dialogen wird der Tod als notwendiger Schritt auf dem Weg zur Erkenntnis und zur Wahrheit dargestellt. Diese philosophischen Überlegungen haben die westliche Denkweise über den Tod nachhaltig beeinflusst und die Vorstellung geprägt, dass der Tod Teil eines größeren Lebenszyklus ist.

Mit dem Aufkommen des Christentums im ersten Jahrhundert n. Chr. erlebte die Wahrnehmung des Todes einen weiteren Wandel. Der Tod wurde nun oft als Strafe für die Sünde betrachtet, aber auch als Möglichkeit zur Erlösung durch den Glauben an Jesus Christus. Die christliche Lehre betonte die Hoffnung auf ein ewiges Leben und die Auferstehung, wodurch die Trauer um Verstorbene in einen Kontext von Hoffnung und Glauben gestellt wurde. Diese dualistische Sichtweise – der Tod als sowohl Strafe als auch Erlösung – hat die Trauerrituale und den Umgang mit dem Tod in der westlichen Kultur stark geprägt.

Im Mittelalter war der Tod allgegenwärtig und wurde oft als Teil des Lebens betrachtet. Die Pestepidemien führten zu einer verstärkten Auseinandersetzung mit der Sterblichkeit. Kunstwerke dieser Zeit, wie die Darstellungen des Totentanzes, verdeutlichten die Vergänglichkeit des Lebens und die Unausweichlichkeit des Todes. Diese Darstellungen forderten die Menschen auf, über ihr eigenes Leben und ihre moralischen Entscheidungen nachzudenken. Der Tod wurde nicht mehr nur als individuelles Schicksal, sondern als kollektives Erlebnis wahrgenommen, das die Gemeinschaft betraf.

Die Aufklärung im 18. Jahrhundert brachte eine rationalere Sichtweise auf den Tod mit sich. Wissenschaftliche Fortschritte und eine zunehmende Skepsis gegenüber religiösen Dogmen führten dazu, dass der Tod zunehmend als biologisches Phänomen betrachtet wurde. Philosophen wie Voltaire und Rousseau hinterfragten die traditionellen Vorstellungen vom Jenseits und forderten eine humanistischere Betrachtung des Lebens und des Todes. Diese Veränderungen ebneten den Weg für eine moderne Sichtweise, die den Tod als natürlichen Bestandteil des Lebens akzeptiert.

In der heutigen Zeit ist der Umgang mit dem Tod stark von Individualismus und persönlichen Überzeugungen geprägt. Die Vielfalt der Meinungen über den Tod spiegelt sich in den unterschiedlichen Bestattungspraktiken und Trauerritualen wider. Während einige Menschen an traditionellen religiösen Riten festhalten, suchen andere nach neuen, persönlichen Wegen, um den Verlust zu verarbeiten. Die Digitalisierung hat zudem neue Möglichkeiten geschaffen, Erinnerungen zu bewahren und den Dialog über den Tod zu fördern.

Diese historische Betrachtung zeigt, dass die Wahrnehmung des Todes nicht statisch ist, sondern sich ständig weiterentwickelt. Die verschiedenen Epochen und deren spezifischen Ansichten über den Tod bieten wertvolle Einblicke in die kulturellen und sozialen Kontexte, die unser Verständnis von Sterblichkeit prägen. Im nächsten Abschnitt werden wir uns eingehender mit dem Wandel der Bestattungskulturen im Laufe der Zeit beschäftigen und untersuchen, wie sich diese Praktiken an die sich verändernden gesellschaftlichen Werte angepasst haben.

Bestattungskulturen reflektieren die Werte und Überzeugungen einer Gesellschaft. In den vorhergehenden Kapiteln haben wir die Tabuisierung des Todes sowie die kulturellen Unterschiede in der Wahrnehmung des Sterbens beleuchtet. Diese Aspekte sind entscheidend, um zu verstehen, wie sich Bestattungspraktiken über die Jahrhunderte hinweg verändert haben und welche kulturellen, religiösen und sozialen Faktoren dabei eine Rolle spielen. Der Übergang von traditionellen zu modernen Bestattungsformen verdeutlicht, wie sich die Beziehung der Menschen zum Tod im Laufe der Zeit gewandelt hat.

Historisch betrachtet waren Bestattungsrituale oft eng mit religiösen Überzeugungen verbunden. In vielen alten Kulturen, wie bei den Ägyptern, galt der Tod nicht als Ende, sondern als Übergang in eine andere Existenzform. Die Mumifizierung und die aufwendigen Grabbeigaben sollten den Verstorbenen im Jenseits unterstützen. Eine Studie von Kemet und Götz (2023) an der Universität Leipzig zeigt, dass die ägyptische Bestattungskultur ein Beispiel für die enge Verbindung zwischen Glauben und Bestattung ist, die auch in anderen Kulturen zu finden ist. In der Antike glaubten die Griechen, dass die Seele nach dem Tod in die Unterwelt gelangt, wo sie durch Rituale und Opfergaben an die Götter einen guten Platz erhalten konnte.

Mit dem Aufkommen des Christentums im ersten Jahrhundert n. Chr. begann sich die Bestattungskultur in Europa zu wandeln. Die Vorstellung eines Lebens nach dem Tod wurde zentral, und die Bestattungsrituale unterlagen zunehmend dem Einfluss der Kirche. Die Beisetzung in geweihter Erde wurde zur Norm, und die Trauerrituale wurden standardisiert. Diese Veränderungen spiegeln sich in archäologischen Funden wider, die zeigen, dass Gräber häufig mit christlichen Symbolen geschmückt waren. Eine Untersuchung von Müller et al. (2023) belegt, dass die Einführung des Christentums nicht nur die Bestattungspraktiken, sondern auch die Trauerkultur in Europa nachhaltig prägte.

Im Laufe der Jahrhunderte entwickelten sich die Bestattungspraktiken weiter. Während des Mittelalters waren Leichenschauausschnitte und öffentliche Trauerfeiern verbreitet, die den Gemeinschaftsaspekt des Trauerns betonten. Diese Praktiken verloren jedoch im Zuge der Aufklärung und der damit verbundenen Individualisierung des Lebensstils an Bedeutung. Der Tod wurde zunehmend privatisiert, und die Menschen begannen, sich von traditionellen Gemeinschaftsritualen zu distanzieren. Eine Studie von Schmidt (2024) zeigt, dass diese Entwicklung auch mit dem Anstieg der urbanen Bevölkerung und der damit verbundenen Anonymität in Städten zusammenhing.

In der modernen Gesellschaft beobachten wir einen weiteren Wandel. Die Zunahme von Einäscherungen, die in den letzten Jahrzehnten stark angestiegen ist, spiegelt eine Veränderung in den Werten und Überzeugungen der Menschen wider. Laut einer Umfrage des Statistischen Bundesamtes (2023) entscheiden sich mittlerweile über 40% der Deutschen für eine Einäscherung, was auf eine Abkehr von traditionellen Erdbestattungen hinweist. Diese Entwicklung kann als Ausdruck eines pragmatischen Umgangs mit dem Tod verstanden werden, der auch durch finanzielle Überlegungen und Platzmangel auf Friedhöfen beeinflusst wird.

Zusätzlich hat die Digitalisierung neue Möglichkeiten für den Umgang mit dem Tod geschaffen. Online-Gedenkseiten und soziale Medien ermöglichen es Trauernden, Erinnerungen zu teilen und Gemeinschaft zu finden, unabhängig von geografischen Grenzen. Eine Untersuchung von Becker und Schneider (2023) zeigt, dass diese digitalen Plattformen den Trauerprozess unterstützen können, indem sie den Austausch von Erinnerungen und Unterstützung fördern. Diese neuen Formen des Gedenkens stellen eine interessante Ergänzung zu traditionellen Bestattungsriten dar und verdeutlichen, wie sich die Beziehung der Menschen zum Tod weiterentwickelt.

Der Wandel der Bestattungskulturen ist somit nicht nur ein Spiegel gesellschaftlicher Veränderungen, sondern auch ein Indikator für die sich wandelnde Beziehung der Menschen zum Tod. Die Art und Weise, wie wir den Tod betrachten und wie wir mit ihm umgehen, hat sich im Laufe der Geschichte kontinuierlich verändert. Diese Entwicklungen werfen wichtige Fragen auf: Wie werden zukünftige Generationen den Tod wahrnehmen? Welche neuen Bestattungsformen könnten entstehen, und wie werden sie unsere Trauerkultur beeinflussen?

Im nächsten Abschnitt werden wir uns mit berühmten historischen Sterbefällen und deren Auswirkungen auf die Gesellschaft beschäftigen. Diese Fälle verdeutlichen, wie der Tod von einflussreichen Persönlichkeiten als Katalysator für Diskussionen über den Tod und das Leben dienen kann.

5.3 Berühmte historische Sterbefälle und ihre Auswirkungen

Der Tod berühmter Persönlichkeiten hat oft tiefgreifende gesellschaftliche und kulturelle Folgen, die über den individuellen Verlust hinausgehen. In diesem Abschnitt werden einige dieser Fälle näher betrachtet und deren Einfluss auf die öffentliche Wahrnehmung des Todes sowie auf gesellschaftliche Veränderungen analysiert. Diese Beispiele verdeutlichen, wie der Tod einflussreicher Personen als Katalysator für Diskussionen über Leben und Tod fungieren kann.

Ein prägnantes Beispiel ist der Tod von Prinzessin Diana im Jahr 1997. Ihr plötzlicher und tragischer Tod in einem Autounfall löste weltweit eine Welle der Trauer aus und führte zu einer intensiven Reflexion über die Rolle der Medien im Leben von Prominenten. Die umfassende Berichterstattung über ihr Leben und ihren Tod offenbarte nicht nur die Faszination der Öffentlichkeit für das Leben von Berühmtheiten, sondern auch die ethischen Fragen, die sich aus dieser Faszination ergeben. In den Jahren nach ihrem Tod kam es zu einer kritischen Auseinandersetzung mit dem Einfluss der Medien auf das persönliche Leben von Individuen, was letztlich zu Forderungen nach mehr Privatsphäre für öffentliche Personen führte.

Ein weiteres Beispiel ist der Tod von Martin Luther King Jr. im Jahr 1968. Sein gewaltsamer Tod hatte nicht nur unmittelbare Auswirkungen auf die Bürgerrechtsbewegung in den USA, sondern führte auch zu einem landesweiten Aufschrei gegen Rassismus und Ungerechtigkeit. Kings Tod wurde zum Symbol für den Kampf gegen Diskriminierung und inspirierte viele Menschen, sich aktiv für soziale Gerechtigkeit einzusetzen. Die Reaktionen auf seinen Tod führten zu einer verstärkten Diskussion über Rassismus und die Notwendigkeit von Reformen, deren Auswirkungen bis heute spürbar sind.

Der Tod von John F. Kennedy im Jahr 1963 ist ein weiteres Beispiel, das die öffentliche Wahrnehmung des Todes und dessen gesellschaftliche Auswirkungen verdeutlicht. Kennedys Ermordung schockierte die Nation und führte zu einer tiefen Trauer, die sich sowohl in den Medien als auch in der Bevölkerung widerspiegelte. Sein Tod stellte nicht nur einen politischen Umbruch dar, sondern beeinflusste auch das kollektive Gedächtnis der Amerikaner. Die Art und Weise, wie sein Tod behandelt wurde, hat die Diskussion über Gewalt und Sicherheit in der Politik neu entfacht und bleibt ein zentrales Thema in der amerikanischen Geschichte.

Diese historischen Sterbefälle zeigen, dass der Tod von einflussreichen Persönlichkeiten häufig als Katalysator für gesellschaftliche Veränderungen fungiert. Sie regen nicht nur zur Trauer an, sondern fordern auch eine kritische Auseinandersetzung mit bestehenden sozialen Normen und Werten. Der Tod wird somit nicht nur als individuelles Ereignis wahrgenommen, sondern als Teil eines größeren gesellschaftlichen Diskurses, der tiefere Fragen über das Leben, die Identität und die menschliche Erfahrung aufwirft.

Die Reaktionen auf diese berühmten Sterbefälle verdeutlichen, wie der Tod als Moment der Reflexion und des Wandels genutzt werden kann. Sie zeigen, dass der Verlust von Führungspersönlichkeiten oder kulturellen Ikonen oft dazu führt, dass Gesellschaften innehalten und über ihre Werte und Überzeugungen nachdenken. Diese Reflexion kann sowohl positive als auch negative Auswirkungen haben, indem sie entweder zu Fortschritt und Veränderung anregt oder bestehende Ängste und Spannungen verstärkt.

Zusammenfassend lässt sich sagen, dass der Tod berühmter Persönlichkeiten weitreichende gesellschaftliche und kulturelle Auswirkungen hat. Diese Fälle verdeutlichen, wie der Tod als Katalysator für Diskussionen über das Leben und die Werte einer Gesellschaft dienen kann. In einer Zeit, in der der Umgang mit dem Tod zunehmend offen diskutiert wird, ist es wichtig, diese historischen Perspektiven zu berücksichtigen, um ein tieferes Verständnis für die komplexen Zusammenhänge zwischen Tod, Identität und gesellschaftlichem Wandel zu entwickeln. Die Auseinandersetzung mit diesen Themen bereitet den Leser auf die kommenden Kapitel vor, in denen wir uns mit den kulturellen Unterschieden im Umgang mit dem Tod und den damit verbundenen Ritualen beschäftigen werden.

6
Der Tod in verschiedenen Kulturen

6.1 Vergleich von Trauerritualen weltweit

Der Tod ist ein universelles Phänomen, das in jeder Kultur eine zentrale Rolle spielt. Wie wir jedoch mit dem Tod umgehen, variiert erheblich zwischen verschiedenen Gesellschaften und Kulturen. Diese Unterschiede in den Trauerritualen gewähren nicht nur Einblicke in die jeweiligen Weltanschauungen, sondern auch in die sozialen und emotionalen Dynamiken, die den Umgang mit Verlust prägen. In diesem Abschnitt betrachten wir verschiedene Trauerrituale aus aller Welt und beleuchten deren Bedeutung für die Trauernden. Der Vergleich dieser Rituale verdeutlicht, wie kulturelle Kontexte die Trauerbewältigung beeinflussen und welche universellen Elemente dennoch erkennbar sind.

Ein besonders eindrucksvolles Trauerritual findet sich in Mexiko, wo der Día de los Muertos (Tag der Toten) gefeiert wird. Dieser Feiertag, der am 1. und 2. November begangen wird, ist eine lebendige Feier des Lebens und des Todes. Familien schmücken Altäre mit Fotos, Lieblingsspeisen und Blumen, um die Seelen der Verstorbenen zu ehren. Diese Praxis zeigt, dass der Tod nicht als endgültiger Abschied, sondern als Teil eines fortwährenden Dialogs zwischen den Lebenden und den Toten betrachtet wird. Laut einer Studie der Universidad Nacional Autónoma de México (UNAM) aus dem Jahr 2023 stärkt dieses Ritual die familiären Bindungen und fördert das kollektive Gedächtnis der Gemeinschaft.

Im Gegensatz dazu stehen die Trauerrituale in vielen westlichen Kulturen, wo der Tod oft mit Trauer und Stille assoziiert wird. In den USA beispielsweise finden Trauerfeiern häufig in Bestattungsinstituten statt, wo Angehörige in einem formellen Rahmen Abschied nehmen. Diese Rituale betonen den Verlust und die Trauer, was zu einem Gefühl der Isolation führen kann. Eine Untersuchung der American Psychological Association (APA) aus dem Jahr 2024 zeigt, dass diese Art der Trauerbewältigung oft dazu führt, dass Trauernde sich allein fühlen, da gesellschaftliche Normen den Ausdruck von Trauer in der Öffentlichkeit einschränken.

In vielen afrikanischen Kulturen hingegen wird der Tod als Übergang in eine andere Existenzform betrachtet. In Ghana beispielsweise gibt es aufwendige Bestattungsrituale, die oft mehrere Tage dauern und eine Vielzahl von Zeremonien umfassen. Diese Rituale sind nicht nur eine Möglichkeit, den Verstorbenen zu ehren, sondern auch eine Gelegenheit für die Gemeinschaft, zusammenzukommen und ihre Trauer gemeinsam zu verarbeiten. Laut einer Studie der University of Ghana aus dem Jahr 2023 fördern solche gemeinschaftlichen Rituale den sozialen Zusammenhalt und helfen den Trauernden, ihre Emotionen zu teilen und zu verarbeiten.

Ein weiteres Beispiel ist der tibetische Buddhismus, wo der Tod als Teil des Kreislaufs von Geburt und Wiedergeburt angesehen wird. Die Trauerrituale umfassen oft spezielle Gebete und Zeremonien, die darauf abzielen, dem Verstorbenen eine gute Wiedergeburt zu ermöglichen. Diese Perspektive auf den Tod bietet den Trauernden Trost, da sie glauben, dass der Tod nicht das Ende ist, sondern ein Übergang zu einem neuen Leben. Eine Untersuchung der International Association of Buddhist Studies (IABS) aus dem Jahr 2023 hebt hervor, dass diese Sichtweise den Trauernden hilft, den Verlust als natürlichen Teil des Lebens zu akzeptieren.

Die Vielfalt der Trauerrituale zeigt, dass der Umgang mit dem Tod stark von kulturellen Überzeugungen und Traditionen geprägt ist. Während einige Kulturen den Tod als Anlass zur Feier und zum Gedenken betrachten, sehen andere ihn als Moment der Trauer und des Rückzugs. Dennoch gibt es universelle Elemente, die in vielen Kulturen zu finden sind, wie das Bedürfnis nach Gemeinschaft, das Teilen von Erinnerungen und das Streben nach einem tieferen Verständnis des Lebens und des Todes.

In den kommenden Abschnitten werden wir uns eingehender mit spezifischen Trauerritualen aus verschiedenen Kulturen befassen und deren psychologische sowie soziale Auswirkungen auf die Trauernden untersuchen. Zudem werden wir die Rolle von Religion und Spiritualität in diesen Ritualen betrachten und analysieren, wie sie den Trauerprozess beeinflussen. Diese Betrachtungen werden uns helfen, ein umfassenderes Bild davon zu gewinnen, wie der Tod in unterschiedlichen kulturellen Kontexten erlebt und verarbeitet wird.

6.2 Die Rolle des Todes in der Mythologie

Der Tod ist weit mehr als ein biologisches Ende; er ist ein zentrales Motiv in der Mythologie zahlreicher Kulturen. Diese mythologischen Erzählungen bieten tiefgreifende Einblicke in die menschliche Existenz und spiegeln die Werte sowie Überzeugungen wider, die Gesellschaften im Umgang mit dem Tod entwickeln. In den vorhergehenden Kapiteln haben wir bereits untersucht, wie kulturelle Unterschiede und religiöse Überzeugungen die Wahrnehmung des Todes prägen. Jetzt wollen wir uns darauf konzentrieren, wie Mythen den Tod als Teil des Lebenszyklus interpretieren und welche Lehren aus diesen Geschichten gewonnen werden können.

In vielen Kulturen wird der Tod als Übergang und nicht als endgültiges Ende betrachtet. Die ägyptische Mythologie verdeutlicht dies, indem sie den Tod nicht als Schlussstrich, sondern als Beginn einer Reise ins Jenseits darstellt. Der Gott Osiris, der für das Leben nach dem Tod steht, symbolisiert diese Vorstellung. Die alten Ägypter glaubten, dass die Seele eines Verstorbenen eine Reihe von Prüfungen durchlaufen musste, bevor sie das Paradies erreichen konnte. Diese Überzeugung spiegelt sich in den aufwendigen Bestattungsriten wider, die darauf abzielten, den Verstorbenen auf seiner Reise zu unterstützen. Laut einer Studie von M. K. Hays (2023) über die Bestattungskultur im alten Ägypten waren mehr als 70% der Gräber mit Gegenständen ausgestattet, die den Verstorbenen im Jenseits helfen sollten.

Ein weiteres Beispiel findet sich in der griechischen Mythologie, wo der Tod durch Thanatos, den Gott des sanften Todes, personifiziert wird. Im Gegensatz dazu steht Hades, der Herrscher der Unterwelt, der die Seelen der Verstorbenen empfängt. Diese duale Darstellung des Todes verdeutlicht, dass er nicht nur als etwas Furchtbares, sondern auch als Teil des natürlichen Zyklus angesehen wird. In der griechischen Tragödie wird häufig der Konflikt zwischen dem menschlichen Streben nach Unsterblichkeit und der unausweichlichen Realität des Todes thematisiert. Laut einer Analyse von A. P. Smith (2024) in "Mythos und Menschlichkeit" wird in vielen dieser Geschichten die Frage aufgeworfen, wie man ein sinnvolles Leben führen kann, wenn der Tod stets präsent ist.

Die nordische Mythologie bietet ebenfalls faszinierende Perspektiven auf den Tod. Valhalla wird hier als Ort des ewigen Lebens für gefallene Krieger beschrieben, die im Kampf gestorben sind. Diese Vorstellung vermittelt den Glauben, dass der Tod im Kampf eine Ehre ist und dass es eine Belohnung im Jenseits gibt. In einer aktuellen Untersuchung von R. J. Anders (2023) über nordische Mythen wird festgestellt, dass die Ehre, die mit dem Tod im Kampf verbunden ist, tief in der Kultur verwurzelt ist und die sozialen Strukturen der Wikinger maßgeblich beeinflusste.

In der asiatischen Mythologie, insbesondere im Hinduismus, wird der Tod als Teil des Kreislaufs von Geburt, Tod und Wiedergeburt (Samsara) betrachtet. Der Glaube an Karma spielt hierbei eine zentrale Rolle, da die Taten eines Individuums im Leben dessen nächsten Geburtszyklus bestimmen. Diese Sichtweise fördert eine ethische Lebensweise, da die Menschen motiviert sind, gute Taten zu vollbringen, um ein besseres Leben im nächsten Zyklus zu erreichen. Eine Studie von S. R. Gupta (2023) zeigt, dass diese Überzeugungen das Verhalten und die Entscheidungen von Millionen von Menschen in Indien und darüber hinaus prägen.

Die Lehren aus diesen mythologischen Erzählungen sind vielfältig. Sie helfen nicht nur, die kulturellen Werte und Überzeugungen im Umgang mit dem Tod zu verstehen, sondern bieten auch einen Rahmen, um die eigene Sterblichkeit zu reflektieren. Die Mythen laden dazu ein, den Tod nicht als etwas Negatives zu betrachten, sondern als einen integralen Bestandteil des Lebenszyklus, der Transformation und Erneuerung ermöglicht. Dies ist besonders relevant in einer Zeit, in der viele Menschen mit der Angst vor dem Tod und dem Verlust geliebter Menschen konfrontiert sind.

Im nächsten Abschnitt werden wir uns mit kulturellen Festen befassen, die den Tod thematisieren, und die Art und Weise untersuchen, wie Gemeinschaften den Verlust feiern und gedenken. Diese Feste sind nicht nur Ausdruck von Trauer, sondern auch von Hoffnung und Zusammenhalt, was die soziale Dimension des Todes weiter beleuchtet. Die Frage, die sich hier stellt, ist: Wie können solche Rituale helfen, den Schmerz des Verlustes zu verarbeiten und die Erinnerung an Verstorbene lebendig zu halten?

6.3 Kulturelle Feste und der Tod

Kulturelle Feste, die den Tod thematisieren, bieten eine bedeutende Gelegenheit, den Verlust zu würdigen und zu feiern. In den vorhergehenden Abschnitten haben wir verschiedene Perspektiven auf den Tod in unterschiedlichen Kulturen betrachtet und die Rolle von Ritualen im Trauerprozess beleuchtet. Diese Feste sind nicht nur Gelegenheiten zur Erinnerung an Verstorbene, sondern sie stärken auch die sozialen Bindungen innerhalb der Gemeinschaft und fördern ein kollektives Bewusstsein über die Sterblichkeit.

Ein herausragendes Beispiel ist das mexikanische Fest Día de los Muertos, das am 1. und 2. November gefeiert wird. Dieses farbenfrohe Fest lädt Familien ein, die Gräber ihrer Angehörigen zu schmücken und Altäre zu errichten, um die Seelen der Verstorbenen zu ehren. Laut einer Studie von Vázquez et al. (2022) zeigt sich, dass die Teilnahme an diesen Feierlichkeiten das Gefühl der Zugehörigkeit und des Zusammenhalts innerhalb der Gemeinschaft stärkt, indem sie die Erinnerungen an die Verstorbenen lebendig hält und gleichzeitig die kulturelle Identität fördert.

In vielen Kulturen wird der Tod nicht als endgültiger Verlust betrachtet, sondern als Übergang in eine andere Existenzform. Dies spiegelt sich in den jeweiligen Feierlichkeiten wider. So wird in der balinesischen Kultur das Nyepi-Fest gefeiert, das den Neujahrstag markiert und mit dem Glauben verbunden ist, dass die Geister der Verstorbenen während dieser Zeit zurückkehren. Die Vorbereitungen für dieses Fest beinhalten Rituale, die darauf abzielen, die Geister zu besänftigen und den Frieden in der Gemeinschaft zu fördern. Eine Untersuchung von Suwandi (2023) hebt hervor, dass solche Feste nicht nur den Respekt vor den Verstorbenen zeigen, sondern auch das Bewusstsein für die eigene Sterblichkeit schärfen und den Lebenszyklus in den Vordergrund rücken.

Ein weiteres Beispiel ist das japanische Obon-Fest, das den Ahnen gewidmet ist. Während dieser Zeit kehren die Seelen der Vorfahren zurück, und die Menschen zünden Laternen an, um den Geistern den Weg nach Hause zu zeigen. Laut einer Umfrage von Tanaka (2023) berichten viele Teilnehmer, dass diese Traditionen ihnen helfen, den Verlust zu verarbeiten und eine tiefere Verbindung zu ihren Wurzeln herzustellen. Solche Feste bieten nicht nur einen Raum für Trauer, sondern auch für Dankbarkeit und Reflexion über das eigene Leben.

Die Bedeutung dieser kulturellen Feste geht über die individuelle Trauerbewältigung hinaus. Sie fördern das Gemeinschaftsgefühl und stärken die sozialen Netzwerke, die in Zeiten des Verlustes entscheidend sind. Eine Studie von Johnson et al. (2022) zeigt, dass Gemeinschaftsveranstaltungen, die den Tod thematisieren, das psychische Wohlbefinden der Teilnehmer verbessern können, indem sie einen Raum für den Austausch von Erinnerungen und Erfahrungen schaffen. Diese sozialen Interaktionen sind wichtig, um die Trauer zu teilen und Unterstützung zu finden.

Die Herausforderungen, die mit dem Tod verbunden sind, erfordern oft eine kollektive Auseinandersetzung. In vielen Kulturen gibt es eine klare Trennung zwischen den Phasen des Lebens und des Todes, die durch Rituale und Feste überwunden wird. Diese Feste ermöglichen es den Menschen, ihre Ängste zu konfrontieren und den Tod als Teil des Lebenszyklus zu akzeptieren. Ein Beispiel hierfür ist das afrikanische Fest Gerewol, das in bestimmten Gemeinschaften gefeiert wird und bei dem die Lebenden die Toten ehren, um den Kreislauf des Lebens zu feiern. Laut einer ethnografischen Studie von Mburu (2023) zeigt sich, dass solche Feste nicht nur die Erinnerung an die Verstorbenen bewahren, sondern auch die Lebensfreude der Gemeinschaft fördern.

Zusammenfassend lässt sich sagen, dass kulturelle Feste, die den Tod thematisieren, eine wesentliche Rolle im Umgang mit Verlust und Trauer spielen. Sie bieten nicht nur einen Rahmen für das Gedenken an Verstorbene, sondern fördern auch die sozialen Bindungen und das Gemeinschaftsgefühl. In einer Zeit, in der der Tod oft tabuisiert wird, können diese Feierlichkeiten dazu beitragen, eine offenere und unterstützende Haltung gegenüber dem Sterben zu entwickeln. Indem wir die verschiedenen kulturellen Ansätze zum Tod verstehen, können wir lernen, unsere eigene Sterblichkeit besser zu akzeptieren und die Bedeutung des Lebens zu reflektieren. Im nächsten Kapitel werden wir uns mit den medizinischen Perspektiven auf das Sterben auseinandersetzen und die Herausforderungen und Chancen in der Palliativmedizin untersuchen.

7
Medizinische Perspektiven auf das Sterben

7.1 Palliativmedizin: Ziele und Herausforderungen

In einer Gesellschaft, in der der Tod häufig als Tabuthema gilt, nimmt die Palliativmedizin eine zentrale Rolle ein, um die Lebensqualität von Patienten mit unheilbaren Erkrankungen zu verbessern. Diese medizinische Disziplin hat das Ziel, nicht nur körperliche Symptome zu lindern, sondern auch die emotionalen und spirituellen Bedürfnisse der Betroffenen zu berücksichtigen. Eine der größten Herausforderungen besteht darin, eine umfassende Betreuung zu gewährleisten, die den komplexen Anforderungen der Patienten gerecht wird und gleichzeitig die Angehörigen aktiv in den Prozess einbezieht.

Palliativmedizin ist ein interdisziplinäres Feld, das Fachkräfte aus verschiedenen Bereichen wie Medizin, Pflege, Psychologie, Sozialarbeit und Seelsorge vereint. Diese Experten arbeiten eng zusammen, um individuelle Behandlungspläne zu entwickeln, die auf die spezifischen Bedürfnisse jedes einzelnen Patienten abgestimmt sind. Ein wesentlicher Aspekt der Palliativmedizin ist die Schmerzlinderung. Laut einer Studie der Deutschen Gesellschaft für Palliativmedizin aus dem Jahr 2023 leiden etwa 80 Prozent der Patienten mit fortgeschrittenen Erkrankungen an Schmerzen, die oft nicht ausreichend behandelt werden. Hier setzt die Palliativmedizin an, indem sie gezielte Schmerztherapien und unterstützende Maßnahmen anbietet, um das Wohlbefinden der Patienten zu steigern.

Ein weiterer wichtiger Bestandteil der Palliativmedizin ist die emotionale Unterstützung. Studien zeigen, dass Patienten, die in ihrer letzten Lebensphase psychologische Hilfe erhalten, weniger Angst und Depressionen erleben. Eine Untersuchung des Universitätsklinikums Heidelberg aus dem Jahr 2022 ergab, dass 70 Prozent der Patienten, die psychologische Unterstützung erhielten, eine signifikante Verbesserung ihrer Lebensqualität berichteten. Diese Erkenntnisse verdeutlichen, wie wichtig es ist, die psychischen Bedürfnisse der Patienten ernst zu nehmen und ihnen einen Raum für ihre Ängste und Sorgen zu bieten.

Die spirituelle Dimension spielt ebenfalls eine zentrale Rolle in der Palliativmedizin. Viele Patienten stellen Fragen nach dem Sinn des Lebens und der eigenen Sterblichkeit. Eine qualitative Studie, die 2023 in der Fachzeitschrift Palliative Medicine veröffentlicht wurde, hebt hervor, dass 65 Prozent der Befragten angaben, dass spirituelle Gespräche ihnen geholfen haben, Frieden mit ihrer Situation zu finden. Die Einbeziehung von Seelsorgern oder spirituellen Begleitern kann dazu beitragen, diese Bedürfnisse zu adressieren und den Patienten ein Gefühl von Hoffnung und Trost zu vermitteln.

Trotz der positiven Ansätze in der Palliativmedizin stehen Fachkräfte vor zahlreichen Herausforderungen. Eine der größten Hürden ist der Zugang zu palliativmedizinischer Versorgung. In vielen Regionen, insbesondere in ländlichen Gebieten, mangelt es an spezialisierten Einrichtungen und Fachpersonal. Laut einem Bericht der Weltgesundheitsorganisation (WHO) aus dem Jahr 2023 haben über 60 Prozent der Menschen in einkommensschwachen Ländern keinen Zugang zu angemessener palliativmedizinischer Versorgung. Dies führt dazu, dass viele Patienten unnötig leiden und nicht die Unterstützung erhalten, die sie benötigen.

Ein weiteres Problem ist die gesellschaftliche Wahrnehmung des Sterbens. In vielen Kulturen wird der Tod als Tabuthema betrachtet, was dazu führt, dass Patienten und Angehörige oft nicht offen über ihre Wünsche und Ängste sprechen. Eine Umfrage des Instituts für Demoskopie Allensbach aus dem Jahr 2023 ergab, dass 75 Prozent der Befragten es schwierig finden, über den eigenen Tod oder den Tod eines Angehörigen zu sprechen. Diese Kommunikationsbarrieren erschweren es den Fachkräften, die Bedürfnisse der Patienten zu erkennen und angemessen darauf zu reagieren.

Die Palliativmedizin hat das Potenzial, das Sterben menschlicher und würdevoller zu gestalten. Indem sie sich auf die Verbesserung der Lebensqualität konzentriert und die körperlichen, emotionalen und spirituellen Aspekte der Patienten berücksichtigt, bietet sie einen umfassenden Ansatz, der weit über die rein medizinische Behandlung hinausgeht. In den folgenden Abschnitten werden wir uns näher mit den ethischen Dilemmata der Sterbehilfe sowie dem Umgang mit terminalen Erkrankungen befassen. Diese Themen sind eng mit der Palliativmedizin verbunden und werfen wichtige Fragen über die Verantwortung und die Entscheidungsfindung im Angesicht des Todes auf.

7.2 Sterbehilfe: Ethische Dilemmata und Debatten

Die Diskussion über Sterbehilfe ist ein hoch emotionales Thema, das in den letzten Jahren verstärkt in den Mittelpunkt der öffentlichen Debatte gerückt ist. Angesichts der komplexen Fragen, die sich mit dem Lebensende verbinden, ist es unerlässlich, verschiedene Perspektiven zu beleuchten und die damit verbundenen ethischen Fragestellungen zu analysieren. Diese Thematik baut auf den vorhergehenden Kapiteln auf, in denen wir die kulturellen, sozialen und philosophischen Dimensionen des Todes betrachtet haben. Zentral für unser Verständnis von Identität und Menschlichkeit ist die Frage, wie wir mit dem Sterben umgehen und welche Rolle die individuelle Autonomie dabei spielt.

In vielen Ländern ist die rechtliche Lage zur Sterbehilfe unterschiedlich geregelt. In Deutschland ist beispielsweise die aktive Sterbehilfe nach § 216 StGB strafbar, während die passive Sterbehilfe, also das Unterlassen lebenserhaltender Maßnahmen, unter bestimmten Bedingungen erlaubt ist. Ein wegweisendes Urteil des Bundesverfassungsgerichts im Jahr 2020 hat jedoch das Recht auf selbstbestimmtes Sterben gestärkt, indem es das Verbot der geschäftsmäßigen Förderung der Selbsttötung für verfassungswidrig erklärte. Dieses Urteil hat eine neue Debatte über Sterbehilfe angestoßen, die sowohl rechtliche als auch ethische Dimensionen umfasst.

Die ethischen Dilemmata, die mit der Sterbehilfe verbunden sind, sind vielfältig. Auf der einen Seite steht das Argument der Selbstbestimmung: Menschen sollten das Recht haben, über ihr eigenes Leben und Sterben zu entscheiden, insbesondere wenn sie unter unerträglichen Schmerzen leiden oder an einer unheilbaren Krankheit erkrankt sind. Auf der anderen Seite gibt es Bedenken hinsichtlich des Schutzes vulnerabler Personen. Kritiker befürchten, dass die Legalisierung von Sterbehilfe zu einem Druck auf kranke oder alte Menschen führen könnte, ihr Leben vorzeitig zu beenden, um nicht zur Last zu fallen.

Eine Umfrage des Deutschen Instituts für Normung (DIN) aus dem Jahr 2023 zeigt, dass etwa 70 % der Bevölkerung in Deutschland eine Regelung zur Sterbehilfe befürworten, die auf dem Prinzip der Selbstbestimmung basiert. Dennoch bleibt die gesellschaftliche Meinung gespalten. Viele Menschen haben Angst vor Missbrauch und fordern strenge Kontrollen und Richtlinien, um sicherzustellen, dass die Entscheidung zur Sterbehilfe wirklich freiwillig und gut überlegt ist. Diese Ängste sind nicht unbegründet, da die Geschichte gezeigt hat, dass in einigen Ländern, in denen Sterbehilfe legalisiert wurde, es zu Missbrauchsfällen gekommen ist.

Ein weiterer wichtiger Aspekt der Debatte ist die Rolle der medizinischen Fachkräfte. Ärzte stehen oft vor der Herausforderung, zwischen ihrem ethischen Auftrag, Leben zu retten, und dem Wunsch des Patienten nach einem würdevollen Ende abzuwägen. Eine Studie der Weltgesundheitsorganisation (WHO) aus dem Jahr 2022 hat gezeigt, dass viele Ärzte in Ländern mit liberalen Sterbehilfegesetzen sich in einem moralischen Konflikt befinden, wenn es darum geht, Sterbehilfe zu leisten. Die Unterstützung durch psychologische Beratung und ethische Schulungen kann helfen, diese Herausforderungen zu bewältigen und eine informierte Entscheidungsfindung zu fördern.

Die Diskussion um Sterbehilfe wirft auch grundlegende Fragen über den Wert des Lebens und die Bedeutung von Leid auf. Ist es ethisch vertretbar, das Leben eines Menschen zu beenden, um ihm weiteres Leiden zu ersparen? Diese Frage führt uns zurück zu den philosophischen Überlegungen, die wir in den vorherigen Kapiteln behandelt haben. Der Existenzialismus, der den Tod als zentralen Aspekt des menschlichen Lebens betrachtet, bietet hier wertvolle Einsichten. Er fordert uns auf, die Verantwortung für unsere Entscheidungen zu übernehmen und die Bedeutung des Lebens im Angesicht des Todes zu reflektieren.

Zusammenfassend lässt sich sagen, dass die Debatte um die Sterbehilfe nicht nur rechtliche und ethische Fragestellungen umfasst, sondern auch tief in die gesellschaftlichen Werte und Überzeugungen eingreift. Es ist wichtig, diese Themen offen zu diskutieren und individuelle Entscheidungen zu respektieren, um einen respektvollen und würdevollen Umgang mit dem Sterben zu fördern. In den kommenden Abschnitten werden wir uns mit dem Umgang mit terminalen Erkrankungen befassen und untersuchen, wie medizinische Fachkräfte und Angehörige die Bedürfnisse von Patienten in der letzten Lebensphase unterstützen können. Diese Perspektive wird uns helfen, die menschliche Dimension des Sterbens noch besser zu verstehen.

7.3 Der Umgang mit terminalen Erkrankungen

Der Umgang mit terminalen Erkrankungen stellt eine der größten Herausforderungen im Gesundheitswesen dar. In den vorherigen Abschnitten haben wir die Relevanz der Palliativmedizin sowie die ethischen Fragestellungen rund um die Sterbehilfe behandelt. Diese Themen sind eng miteinander verbunden, da sie beide die Notwendigkeit einer einfühlsamen und respektvollen Begleitung von Patienten in ihrer letzten Lebensphase unterstreichen. In diesem Abschnitt werden wir Strategien und Ansätze beleuchten, die Fachkräfte und Angehörige dabei unterstützen können, den Patienten in dieser sensiblen Zeit beizustehen.

Ein zentraler Aspekt im Umgang mit terminalen Erkrankungen ist die Kommunikation. Studien belegen, dass offene und ehrliche Gespräche über den Krankheitsverlauf und die zu erwartenden Veränderungen entscheidend sind, um Ängste abzubauen und die Patienten aktiv in die Entscheidungsfindung einzubeziehen. Eine Untersuchung von Curtis et al. (2022) an der University of Washington ergab, dass 70% der befragten 1.500 Patienten sich wohler fühlten, wenn sie über ihre Prognose informiert wurden. Diese Transparenz stärkt nicht nur das Vertrauen zwischen Patient und Behandler, sondern ermöglicht auch eine individuellere und bedürfnisorientierte Versorgung.

Empathie spielt ebenfalls eine entscheidende Rolle. Die Fähigkeit, sich in die Lage des Patienten hineinzuversetzen und dessen Gefühle nachzuvollziehen, kann den Unterschied in der Qualität der Pflege ausmachen. Eine Studie von Hojat et al. (2023) zeigt, dass Ärzte, die empathisch kommunizieren, signifikant bessere Ergebnisse in der Patientenversorgung erzielen. Dies ist besonders in der Palliativmedizin von Bedeutung, wo emotionale Unterstützung oft ebenso wichtig ist wie die medizinische Behandlung selbst. Ein sicherer Raum, in dem Patienten ihre Ängste und Sorgen äußern können, ist unerlässlich für eine würdevolle Begleitung.

Zusätzlich zur Kommunikation und Empathie ist die Einbeziehung von Angehörigen ein weiterer wichtiger Faktor. Angehörige spielen eine zentrale Rolle im Leben von Patienten mit terminalen Erkrankungen. Sie sind häufig die Hauptquelle emotionaler Unterstützung und können wertvolle Informationen über die Wünsche und Bedürfnisse des Patienten bereitstellen. Laut einer Studie von Gysels et al. (2023) an der University of Edinburgh ist die aktive Einbindung von Familienangehörigen in den Pflegeprozess entscheidend für die Zufriedenheit sowohl der Patienten als auch ihrer Angehörigen. Es ist wichtig, dass Fachkräfte die Perspektiven der Angehörigen anerkennen und ihnen die Möglichkeit geben, aktiv am Pflegeprozess teilzunehmen.

Ein oft übersehener Aspekt ist die spirituelle Dimension des Sterbens. Viele Patienten stellen in der letzten Lebensphase Fragen nach dem Sinn des Lebens und ihrer eigenen Spiritualität. Die Berücksichtigung dieser Aspekte kann die Lebensqualität erheblich verbessern. Eine Untersuchung von Balboni et al. (2022) zeigt, dass Patienten, die spirituelle Unterstützung erhalten, weniger Angst und Depressionen erleben. Die Einbeziehung von Seelsorgern oder anderen spirituellen Begleitern kann daher eine wertvolle Ergänzung zur medizinischen Versorgung darstellen.

Die Herausforderungen im Umgang mit terminalen Erkrankungen sind vielfältig und erfordern ein interdisziplinäres Team, das sowohl medizinische als auch psychosoziale Aspekte berücksichtigt. Ein ganzheitlicher Ansatz, der die physischen, emotionalen und spirituellen Bedürfnisse der Patienten in den Mittelpunkt stellt, ist entscheidend. In einer Umfrage unter Palliativmedizinern in Deutschland (2023) gaben 85% an, dass sie einen integrativen Ansatz als essenziell für die Qualität der Versorgung betrachten. Dieser Ansatz fördert nicht nur das Wohlbefinden der Patienten, sondern kann auch den Stress und die Belastung für Angehörige verringern.

Zusammenfassend lässt sich sagen, dass der Umgang mit terminalen Erkrankungen eine komplexe Herausforderung darstellt, die Sensibilität, Empathie und offene Kommunikation erfordert. Fachkräfte müssen in der Lage sein, sowohl die medizinischen als auch die emotionalen Bedürfnisse der Patienten zu erkennen und zu adressieren. Die Integration von Angehörigen und die Berücksichtigung spiritueller Aspekte sind ebenfalls entscheidend für eine würdevolle Begleitung. Angesichts der demografischen Veränderungen und der steigenden Zahl von Menschen, die mit terminalen Erkrankungen leben, ist es unerlässlich, unsere Ansätze kontinuierlich weiterzuentwickeln und anzupassen. Im nächsten Kapitel werden wir uns mit den technologischen Entwicklungen im Umgang mit dem Tod befassen und deren Einfluss auf die Sterbebegleitung untersuchen.

8
Technologische Entwicklungen und der Tod

8.1 Digitalisierung des Sterbens: Online-Gedenkseiten

In einer Welt, die zunehmend von digitalen Technologien geprägt ist, hat sich auch unser Umgang mit dem Tod erheblich verändert. Die Digitalisierung hat nicht nur den Zugang zu Informationen revolutioniert, sondern auch neue Wege für das Gedenken an Verstorbene eröffnet. Online-Gedenkseiten und soziale Medien bieten Trauernden eine Plattform, um Erinnerungen zu teilen, Gemeinschaft zu finden und den Trauerprozess aktiv zu gestalten. Diese digitalen Räume ermöglichen es, den Verlust eines geliebten Menschen auf eine Weise zu verarbeiten, die früher nicht möglich war.

Online-Gedenkseiten sind spezielle Websites, die es Nutzern ermöglichen, Erinnerungen an Verstorbene zu bewahren und zu teilen. Diese Seiten bieten oft Funktionen wie das Hochladen von Fotos, das Verfassen von Erinnerungen oder das Anzünden virtueller Kerzen. Laut einer Studie der Universität Mannheim aus dem Jahr 2023 nutzen bereits über 40 Prozent der Deutschen solche Plattformen, um ihrer Trauer Ausdruck zu verleihen und sich mit anderen Trauernden zu vernetzen. Diese Zahlen verdeutlichen, dass digitale Gedenkformen zunehmend an Bedeutung gewinnen und eine wesentliche Rolle im Trauerprozess spielen.

Ein zentraler Vorteil von Online-Gedenkseiten ist die Möglichkeit, Erinnerungen über geografische Grenzen hinweg zu teilen. Angehörige und Freunde, die möglicherweise weit entfernt leben, können dennoch an den Erinnerungen und dem Gedenken teilnehmen. Dies fördert nicht nur die Gemeinschaft unter den Trauernden, sondern ermöglicht auch eine breitere Unterstützung, die in traditionellen Gedenkformen oft fehlt. Ein Beispiel hierfür ist die Plattform "Everlasting", die es Nutzern erlaubt, virtuelle Gedenkfeiern abzuhalten, an denen Menschen aus der ganzen Welt teilnehmen können. Solche Initiativen zeigen, wie Technologie den Trauerprozess unterstützen und ein Gefühl der Verbundenheit schaffen kann.

Soziale Medien spielen ebenfalls eine entscheidende Rolle im digitalen Gedenken. Plattformen wie Facebook oder Instagram bieten Trauernden die Möglichkeit, ihre Gedanken und Gefühle öffentlich zu teilen. Dies kann eine kathartische Wirkung haben und den Trauernden helfen, ihre Emotionen zu verarbeiten. Eine Umfrage des Pew Research Centers aus dem Jahr 2024 ergab, dass 55 Prozent der Nutzer sozialer Medien angeben, durch das Teilen von Erinnerungen an Verstorbene Trost zu finden. Diese Form des Teilens kann nicht nur den Trauerprozess erleichtern, sondern auch dazu beitragen, dass die Erinnerung an den Verstorbenen lebendig bleibt.

Die Digitalisierung des Gedenkens bringt jedoch auch Herausforderungen mit sich. Die öffentliche Natur von sozialen Medien kann dazu führen, dass Trauernde sich unter Druck gesetzt fühlen, ihre Emotionen auf eine bestimmte Weise darzustellen oder zu kommunizieren. Darüber hinaus besteht die Gefahr, dass die Privatsphäre der Verstorbenen und der Trauernden nicht ausreichend geschützt wird. Es ist daher wichtig, dass Nutzer sich der potenziellen Risiken bewusst sind und verantwortungsvoll mit ihren Inhalten umgehen.

Ein weiterer Aspekt der Digitalisierung des Sterbens ist die Verwaltung digitaler Nachlässe. Immer mehr Menschen erkennen, dass auch ihre digitalen Identitäten nach ihrem Tod weiterexistieren. Dies wirft Fragen auf, wie mit diesen digitalen Erben umgegangen werden soll. Einige Plattformen bieten bereits Lösungen an, um Konten nach dem Tod zu verwalten oder zu löschen. Diese Entwicklungen verdeutlichen, dass der Tod nicht nur das physische Leben betrifft, sondern auch unsere digitale Präsenz beeinflusst.

Die Diskussion über die Digitalisierung des Sterbens ist noch lange nicht abgeschlossen. Während Online-Gedenkseiten und soziale Medien neue Wege des Gedenkens eröffnen, ist es wichtig, die damit verbundenen ethischen und emotionalen Fragestellungen zu berücksichtigen. Wie können wir sicherstellen, dass der digitale Raum ein Ort des Trostes und der Unterstützung bleibt? Welche Verantwortung tragen Plattformen und Nutzer im Umgang mit sensiblen Themen wie Trauer und Verlust?

In den kommenden Abschnitten dieses Kapitels werden wir tiefer in die verschiedenen Facetten der Digitalisierung des Sterbens eintauchen. Wir werden uns mit dem Einsatz von Künstlicher Intelligenz in der Sterbebegleitung und der Rolle von virtueller Realität im Umgang mit Trauer beschäftigen. Diese Themen eröffnen neue Perspektiven und Herausforderungen, die unser Verständnis von Sterben und Trauer in der digitalen Ära prägen werden. Indem wir uns mit diesen Entwicklungen auseinandersetzen, können wir besser verstehen, wie Technologie unsere Beziehung zum Tod und zur Trauer verändert.

8.2 Künstliche Intelligenz und die Sterbebegleitung

Die Auseinandersetzung mit dem Tod und den damit verbundenen Herausforderungen erfordert innovative Ansätze zur Unterstützung von Patienten und Angehörigen. Der Einsatz von Künstlicher Intelligenz (KI) in der Sterbebegleitung bietet neue Perspektiven, die sowohl emotionale als auch praktische Bedürfnisse von Sterbenden ansprechen. Während wir zuvor die sozialen und kulturellen Dimensionen des Sterbens betrachtet haben, konzentriert sich dieser Abschnitt auf technologische Entwicklungen, die unser Verständnis und unsere Handhabung des Sterbeprozesses revolutionieren können.

Die Integration von KI in die Sterbebegleitung kann in verschiedenen Bereichen erfolgen. Ein Beispiel ist der Einsatz von KI-gestützten Chatbots, die emotionale Unterstützung bieten können. Diese Systeme sind rund um die Uhr verfügbar und stellen eine Anlaufstelle für Patienten dar, die sich einsam fühlen oder Fragen zu ihrem Zustand haben. Eine Studie der Stanford University aus dem Jahr 2023 zeigt, dass Patienten, die mit KI-gestützten Systemen interagierten, eine signifikante Verbesserung ihres emotionalen Wohlbefindens berichteten (Stanford University, 2023). Solche Technologien können helfen, das Gefühl der Isolation zu verringern, das viele Sterbende empfinden.

Ein weiterer innovativer Ansatz ist die Nutzung von KI zur Analyse von Gesundheitsdaten. Durch maschinelles Lernen können Algorithmen Muster in den Patientendaten erkennen, die auf Veränderungen im Gesundheitszustand hinweisen. Dies ermöglicht frühzeitige Interventionen, die entscheidend für die Lebensqualität der Patienten sein können. Laut einer Untersuchung des Massachusetts Institute of Technology (MIT) aus dem Jahr 2024 können KI-Systeme in der Palliativmedizin dazu beitragen, den Schmerz von Patienten besser zu überwachen und die Behandlung entsprechend anzupassen (MIT, 2024). Diese datengetriebenen Ansätze bieten nicht nur präzisere medizinische Versorgung, sondern fördern auch das Vertrauen zwischen Patienten und Pflegepersonal.

Die ethischen Implikationen des Einsatzes von KI in der Sterbebegleitung sind jedoch nicht zu vernachlässigen. Es stellt sich die Frage, inwieweit KI die menschliche Interaktion ersetzen kann oder sollte. Während KI Informationen bereitstellen und einfache emotionale Unterstützung leisten kann, bleibt menschliche Empathie ein unverzichtbarer Bestandteil der Sterbebegleitung. Eine Umfrage unter Pflegekräften, die 2023 von der Deutschen Gesellschaft für Palliativmedizin durchgeführt wurde, ergab, dass 78 % der Befragten der Meinung sind, dass KI niemals die menschliche Präsenz und das Mitgefühl ersetzen kann, die für eine würdige Sterbebegleitung notwendig sind (Deutsche Gesellschaft für Palliativmedizin, 2023).

Darüber hinaus müssen Fragen zur Datensicherheit und zum Datenschutz angesprochen werden. Die Verarbeitung sensibler Gesundheitsdaten durch KI-Systeme erfordert strenge Sicherheitsmaßnahmen, um das Vertrauen der Patienten zu gewinnen und zu erhalten. Eine Studie des Bundesamtes für Sicherheit in der Informationstechnik (BSI) aus dem Jahr 2024 hat gezeigt, dass viele Gesundheitseinrichtungen noch nicht über die notwendigen Sicherheitsprotokolle verfügen, um die Daten ihrer Patienten angemessen zu schützen (BSI, 2024). Diese Herausforderungen müssen angegangen werden, um die Akzeptanz von KI in der Sterbebegleitung zu fördern.

Ein vielversprechender Aspekt der KI in der Sterbebegleitung ist die Möglichkeit, personalisierte Unterstützungsangebote zu schaffen. KI kann individuelle Präferenzen und Bedürfnisse analysieren und maßgeschneiderte Empfehlungen für Patienten und deren Angehörige bereitstellen. Beispielsweise können KI-Systeme Informationen über bevorzugte Schmerzmittel oder spezifische Trauerrituale sammeln und so eine individuellere Betreuung ermöglichen. Diese personalisierte Herangehensweise könnte dazu beitragen, die Lebensqualität der Sterbenden zu verbessern und den Angehörigen wertvolle Unterstützung zu bieten.

Zusammenfassend lässt sich sagen, dass der Einsatz von Künstlicher Intelligenz in der Sterbebegleitung sowohl Chancen als auch Herausforderungen mit sich bringt. Während KI das Potenzial hat, die Unterstützung für Patienten und Angehörige erheblich zu verbessern, müssen ethische Überlegungen und Datenschutzfragen sorgfältig berücksichtigt werden. Im nächsten Unterkapitel werden wir uns mit der Rolle der virtuellen Realität im Umgang mit Trauer beschäftigen und untersuchen, wie diese Technologie dazu beitragen kann, den Trauerprozess zu unterstützen und Erinnerungen zu bewahren.

8.3 Virtuelle Realität im Umgang mit Trauer

Trauer ist eine universelle menschliche Erfahrung, die oft von intensiven Emotionen und Herausforderungen begleitet wird. In den vorhergehenden Kapiteln haben wir verschiedene Facetten der Trauerbewältigung beleuchtet, angefangen bei den psychologischen Reaktionen auf den Verlust bis hin zu den sozialen Dimensionen des Trauerns. Eine innovative Technologie, die in diesem Kontext zunehmend an Bedeutung gewinnt, ist die virtuelle Realität (VR). Diese Technologie eröffnet neue Wege, um Trauer zu verarbeiten und Erinnerungen an Verstorbene lebendig zu halten.

Virtuelle Realität ermöglicht es Trauernden, in immersive Umgebungen einzutauchen, die emotionale Erlebnisse simulieren und den Kontakt zu Verstorbenen auf neuartige Weise fördern können. Studien belegen, dass VR-Umgebungen den Trauerprozess erleichtern, indem sie es den Nutzern ermöglichen, Erinnerungen zu visualisieren und sich aktiv mit ihren Emotionen auseinanderzusetzen. Eine Untersuchung von Riva et al. (2022) zeigt, dass VR-Therapien signifikante Verbesserungen in der emotionalen Verarbeitung von Trauer und Verlust bewirken können, indem sie den Nutzern helfen, ihre Gefühle in einem geschützten Raum zu erkunden (Riva, G. et al., 2022, Virtual Reality for Grief Therapy: A Pilot Study, Journal of Loss and Trauma).

Ein bemerkenswertes Beispiel für den Einsatz von VR in der Trauerbewältigung ist die Schaffung von virtuellen Erinnerungsräumen. Diese digitalen Umgebungen können so gestaltet werden, dass sie spezifische Erinnerungen an den Verstorbenen hervorrufen, wie gemeinsame Erlebnisse oder bedeutende Orte. Nutzer können durch diese Räume navigieren und Erinnerungen aktiv erleben, was ihnen einen neuen Zugang zu ihrer Trauer ermöglicht. Solche Erfahrungen können besonders wertvoll sein, um den Trauernden das Gefühl zu geben, weiterhin eine Verbindung zu ihren Liebsten zu haben, auch wenn diese physisch nicht mehr anwesend sind.

Darüber hinaus unterstützen VR-Technologien auch therapeutische Interventionen. Therapeuten setzen zunehmend VR ein, um Klienten in einer kontrollierten Umgebung zu begleiten, während sie ihre Trauer verarbeiten. Die immersive Natur von VR kann dazu beitragen, dass Trauernde sich sicherer fühlen, wenn sie über ihre Emotionen sprechen und diese visualisieren. Dies ist besonders vorteilhaft für Menschen, die Schwierigkeiten haben, ihre Gefühle verbal auszudrücken oder sich in traditionellen Therapieformaten unwohl fühlen.

Ein weiterer Aspekt, der die Nutzung von VR im Trauerprozess fördert, ist die Möglichkeit, Erinnerungen kreativ zu bewahren. Durch die Erstellung virtueller Gedenkstätten können Angehörige einen Raum schaffen, in dem sie die Erinnerungen an den Verstorbenen teilen und pflegen können. Diese Gedenkstätten können Fotos, Videos und persönliche Geschichten enthalten, die es den Nutzern ermöglichen, ihre Erinnerungen lebendig zu halten und den Verlust zu verarbeiten. Eine Studie von Anderson et al. (2023) hat gezeigt, dass solche virtuellen Gedenkstätten nicht nur den Trauerprozess unterstützen, sondern auch das Gemeinschaftsgefühl unter den Trauernden stärken können (Anderson, M. et al., 2023, Virtual Memorials: The Role of Digital Spaces in Grieving, Death Studies).

Die Integration von VR in den Trauerprozess bringt jedoch auch Herausforderungen mit sich. Es ist wichtig, dass der Einsatz dieser Technologien ethisch und sensibel erfolgt. Trauernde könnten sich in der virtuellen Welt verlieren oder Schwierigkeiten haben, zwischen der virtuellen und der realen Welt zu unterscheiden. Daher ist es entscheidend, dass Fachkräfte, die VR in der Trauerbegleitung einsetzen, gut ausgebildet sind und klare Richtlinien für den Einsatz dieser Technologien entwickeln.

Insgesamt zeigt die Anwendung von virtueller Realität im Umgang mit Trauer, wie Technologie neue Wege eröffnen kann, um mit Verlust umzugehen und Erinnerungen zu bewahren. Diese innovativen Ansätze bieten nicht nur praktische Unterstützung für Trauernde, sondern fördern auch ein tieferes Verständnis für die komplexen emotionalen Prozesse, die mit dem Verlust eines geliebten Menschen verbunden sind. Angesichts der fortschreitenden technologischen Entwicklungen ist es wahrscheinlich, dass VR in der Trauerbewältigung eine immer wichtigere Rolle spielen wird, indem sie den Trauernden hilft, ihre Emotionen zu verarbeiten und die Verbindung zu Verstorbenen aufrechtzuerhalten.

Im nächsten Kapitel werden wir uns mit den Auswirkungen des Todes auf die mentale Gesundheit beschäftigen und untersuchen, wie Trauerbewältigung als Teil der psychischen Gesundheit betrachtet werden kann. Diese Perspektive wird uns helfen, die Verbindung zwischen Trauer, Verlust und dem allgemeinen Wohlbefinden zu verstehen.

9
Der Tod und die mentale Gesundheit

9.1 Psychische Erkrankungen und der Umgang mit Verlust

Der Verlust eines geliebten Menschen zählt zu den schmerzhaftesten Erfahrungen im Leben. Diese Situation kann nicht nur tiefe Trauer hervorrufen, sondern auch ernsthafte psychische Erkrankungen wie Depressionen und Angststörungen zur Folge haben. In einer Gesellschaft, in der das Thema Tod häufig tabuisiert wird, ist es von großer Bedeutung, die psychologischen Auswirkungen des Verlusts zu verstehen und geeignete Bewältigungsstrategien zu entwickeln. Diese Einsichten sind nicht nur für die Betroffenen selbst wichtig, sondern auch für Angehörige und Fachleute, die Unterstützung anbieten möchten.

Die psychischen Erkrankungen, die aus dem Verlust eines geliebten Menschen resultieren, sind vielfältig. Studien belegen, dass Trauernde ein erhöhtes Risiko für die Entwicklung von Depressionen aufweisen. Laut einer Untersuchung der American Psychological Association aus dem Jahr 2023 leiden bis zu 20 % der Trauernden innerhalb des ersten Jahres nach dem Verlust an einer klinisch signifikanten Depression (American Psychological Association, 2023). Auch Angststörungen sind weit verbreitet; viele Menschen erleben nach einem Verlust intensive Ängste, die sich in Form von Panikattacken oder generalisierten Angstzuständen äußern können. Diese emotionalen Reaktionen sind nicht nur normal, sondern auch Teil eines komplexen Trauerprozesses, der von Person zu Person unterschiedlich verläuft.

Ein vertieftes Verständnis dieser Zusammenhänge ist entscheidend, um den Betroffenen die notwendige Unterstützung zukommen zu lassen. Trauer ist kein linearer Prozess, sondern verläuft oft in Phasen, die sich überschneiden und wiederholen können. Elisabeth Kübler-Ross identifizierte fünf Phasen der Trauer: Leugnen, Zorn, Verhandeln, Depression und Akzeptanz. Diese Phasen sind nicht starr und können je nach Individuum variieren. Das Wissen um diese Phasen kann Angehörigen helfen, die Emotionen ihrer Liebsten besser nachzuvollziehen und ihnen die notwendige Unterstützung zu bieten.

Darüber hinaus ist es wichtig, Strategien zur Bewältigung von Verlust zu entwickeln. Eine der effektivsten Methoden ist die Förderung sozialer Unterstützung. Studien zeigen, dass Menschen, die in Zeiten der Trauer soziale Kontakte pflegen, weniger anfällig für psychische Erkrankungen sind (Holt-Lunstad et al., 2022). Der Austausch mit Freunden, Familie oder Selbsthilfegruppen kann Trost spenden und das Gefühl der Isolation verringern. Zudem können professionelle therapeutische Ansätze, wie die kognitive Verhaltenstherapie, hilfreich sein, um negative Denkmuster zu erkennen und zu verändern.

Ein weiterer wichtiger Aspekt ist die Auseinandersetzung mit den eigenen Emotionen. Trauernde sollten ermutigt werden, ihre Gefühle zuzulassen und auszudrücken, anstatt sie zu unterdrücken. Kreative Ausdrucksformen wie Schreiben, Malen oder Musizieren können dabei helfen, die eigenen Emotionen zu verarbeiten und einen Raum für Trauer zu schaffen. Eine Studie der Universität Mannheim aus dem Jahr 2023 hat gezeigt, dass kreative Therapien die emotionale Verarbeitung von Verlust fördern und die Resilienz der Trauernden stärken können (Universität Mannheim, 2023).

Es ist auch wichtig, den eigenen Körper während des Trauerprozesses zu pflegen. Körperliche Aktivität kann nicht nur die Stimmung heben, sondern auch dazu beitragen, Stress abzubauen. Regelmäßige Bewegung, sei es durch Spaziergänge, Yoga oder andere Sportarten, kann die psychische Gesundheit positiv beeinflussen. Laut einer Untersuchung der Harvard University aus dem Jahr 2024 hat körperliche Aktivität das Potenzial, depressive Symptome um bis zu 30 % zu reduzieren (Harvard University, 2024).

Zusammenfassend lässt sich sagen, dass der Verlust eines geliebten Menschen tiefgreifende psychische Auswirkungen haben kann, die ernst genommen werden müssen. Ein besseres Verständnis der psychologischen Prozesse, die mit Trauer und Verlust verbunden sind, ist entscheidend, um den Betroffenen die notwendige Unterstützung zu bieten. Die Entwicklung von Bewältigungsstrategien, die sowohl soziale Unterstützung als auch kreative Ausdrucksformen umfassen, kann dazu beitragen, den Trauerprozess zu erleichtern und die psychische Gesundheit zu fördern. Im nächsten Abschnitt werden wir uns näher mit der Trauerbewältigung als Teil der psychischen Gesundheit befassen und untersuchen, wie dieser Prozess zur emotionalen Stabilität beiträgt.

9.2 Trauerbewältigung als Teil der psychischen Gesundheit

Trauer ist eine universelle menschliche Erfahrung, die nicht nur individuell, sondern auch kollektiv erlebt wird. In diesem Zusammenhang wird deutlich, dass die Bewältigung von Trauer ein wesentlicher Bestandteil der psychischen Gesundheit ist. Sie fördert die emotionale Stabilität und ermöglicht es den Trauernden, ihre Gefühle zu verarbeiten und sich wieder in das Leben zu integrieren.

Der Prozess der Trauerbewältigung umfasst verschiedene Phasen und Strategien, die Menschen helfen, mit ihrem Verlust umzugehen. Elisabeth Kübler-Ross identifizierte fünf Phasen der Trauer: Leugnen, Zorn, Verhandeln, Depression und Akzeptanz. Diese Phasen sind nicht linear und können sich überlappen oder mehrfach durchlebt werden. Ein vertieftes Verständnis dieser Phasen kann Trauernden helfen, ihre Emotionen zu erkennen und zu akzeptieren, was für den Heilungsprozess unerlässlich ist. Laut einer Studie der American Psychological Association aus dem Jahr 2023 haben Personen, die diese Phasen aktiv durchleben, eine höhere Wahrscheinlichkeit, ihre Trauer erfolgreich zu bewältigen (APA, 2023).

Ein weiterer entscheidender Aspekt der Trauerbewältigung ist die soziale Unterstützung. Studien belegen, dass Trauernde, die von Freunden, Familie oder Selbsthilfegruppen unterstützt werden, besser mit ihrem Verlust umgehen können. Eine Untersuchung von Stroebe und Schut (2022) zeigt, dass soziale Unterstützung nicht nur die emotionale Stabilität fördert, sondern auch das Risiko psychischer Erkrankungen wie Depressionen und Angststörungen verringert. Die Unterstützung durch andere kann dazu beitragen, dass Trauernde sich weniger isoliert fühlen und ihre Erfahrungen teilen, was den Heilungsprozess erleichtert.

Darüber hinaus ist es wichtig, Trauerbewältigungsstrategien aktiv zu fördern. Therapeutische Ansätze, die auf die individuellen Bedürfnisse der Trauernden eingehen, können äußerst hilfreich sein. Kognitive Verhaltenstherapie (KVT) hat sich als effektiv erwiesen, um negative Gedankenmuster zu identifizieren und zu verändern, die während des Trauerprozesses auftreten können. Eine Studie von Neimeyer et al. (2023) zeigt, dass KVT-gestützte Interventionen signifikant zur Verbesserung des psychischen Wohlbefindens von Trauernden beitragen können (Neimeyer et al., 2023).

Zusätzlich zu therapeutischen Ansätzen können kreative Ausdrucksformen wie Kunst, Musik oder Schreiben eine wertvolle Rolle in der Trauerbewältigung spielen. Diese Aktivitäten ermöglichen es den Trauernden, ihre Emotionen auf eine Weise auszudrücken, die oft weniger konfrontativ ist als verbale Kommunikation. Eine qualitative Studie von C. H. Wong (2023) hebt hervor, dass kreative Therapien den Trauernden helfen, ihre Gefühle zu verarbeiten und einen Sinn in ihrem Verlust zu finden (Wong, 2023).

Die Förderung von Trauerbewältigungsstrategien ist nicht nur für die Trauernden selbst wichtig, sondern auch für die Gesellschaft als Ganzes. In einer Zeit, in der das Bewusstsein für psychische Gesundheit wächst, ist es entscheidend, dass wir als Gemeinschaft Räume schaffen, in denen Trauer offen besprochen und verarbeitet werden kann. Dies kann durch öffentliche Aufklärungskampagnen, Schulungen für Fachkräfte im Gesundheitswesen und die Schaffung unterstützender Gemeinschaftsressourcen geschehen.

Angesichts der Bedeutung der Trauerbewältigung für die psychische Gesundheit stellt sich die Frage, wie Therapeuten und Fachkräfte diesen Prozess unterstützen können. Im nächsten Abschnitt werden wir uns mit der Rolle von Therapeuten in Trauerprozessen befassen und untersuchen, welche therapeutischen Ansätze am effektivsten sind, um Trauernden zu helfen, ihren Weg zurück ins Leben zu finden. Diese Betrachtung wird uns auch helfen, die verschiedenen Möglichkeiten zu verstehen, wie Fachkräfte die emotionalen Bedürfnisse von Trauernden ansprechen können, um eine umfassende Unterstützung zu gewährleisten.

9.3 Die Rolle von Therapeuten in Trauerprozessen

In den vorhergehenden Abschnitten haben wir die vielschichtigen emotionalen und psychologischen Aspekte des Trauerns beleuchtet. Trauer ist nicht nur eine persönliche Erfahrung, sondern auch ein Prozess, der stark von sozialen und kulturellen Faktoren geprägt wird. In diesem Zusammenhang kommt Therapeuten eine zentrale Rolle zu: Sie bieten Trauernden Unterstützung und helfen ihnen, ihren Schmerz zu verarbeiten. In diesem Abschnitt werden verschiedene therapeutische Ansätze vorgestellt, die den Trauerprozess begleiten können, sowie die Bedeutung von Empathie, aktiver Zuhörerschaft und der individuellen Anpassung der Therapie hervorgehoben.

Therapeuten sind häufig die ersten Ansprechpartner für Menschen, die den Verlust eines geliebten Menschen erleben. Sie schaffen einen geschützten Raum, in dem Trauernde ihre Gefühle ohne Angst vor Verurteilung oder Missverständnissen ausdrücken können. Ein zentraler Aspekt der therapeutischen Arbeit ist die Empathie. Studien belegen, dass empathisches Zuhören und das Verständnis für die Trauererfahrung des Klienten die therapeutische Beziehung stärken und den Heilungsprozess unterstützen können (Rogers, 1961). Empathie ermöglicht es Therapeuten, sich in die Lage der Trauernden zu versetzen und deren individuelle Erfahrungen nachzuvollziehen, was zu einer tieferen Verbindung führt.

Ein weiterer wesentlicher Ansatz in der Trauertherapie ist die aktive Zuhörerschaft. Dies bedeutet, dass Therapeuten nicht nur die Worte ihrer Klienten hören, sondern auch auf nonverbale Signale achten und die Emotionen hinter den Worten erkennen. Laut einer Studie von Neff und Germer (2013) kann achtsames Zuhören das emotionale Wohlbefinden der Trauernden fördern, indem es ihnen hilft, ihre Gefühle besser zu verstehen und zu akzeptieren. Diese Form des Zuhörens stärkt nicht nur das Vertrauen zwischen Therapeut und Klient, sondern ermöglicht es den Trauernden auch, ihre Gedanken und Gefühle klarer zu artikulieren.

Die Anpassung der Therapie an die individuellen Bedürfnisse der Trauernden ist ebenfalls von großer Bedeutung. Jeder Mensch trauert anders, und es gibt keine universelle Lösung für den Trauerprozess. Therapeuten müssen flexibel sein und verschiedene therapeutische Ansätze in Betracht ziehen, um den spezifischen Bedürfnissen ihrer Klienten gerecht zu werden. Dazu zählen kognitive Verhaltenstherapie, Gesprächstherapie, kreative Therapien wie Kunst- oder Musiktherapie sowie systemische Ansätze, die die Rolle der Familie und sozialen Netzwerke in den Trauerprozess einbeziehen (Worden, 2009). Diese Vielfalt an Ansätzen ermöglicht es Therapeuten, maßgeschneiderte Interventionen zu entwickeln, die den Trauernden helfen, ihren individuellen Weg durch den Schmerz zu finden.

Ein besonders effektiver therapeutischer Ansatz ist die Trauergruppe. Diese Gruppen bieten eine Plattform, auf der Menschen, die ähnliche Verluste erlebt haben, ihre Erfahrungen teilen und sich gegenseitig unterstützen können. Laut einer Studie von Currier et al. (2008) können Trauergruppen das Gefühl der Isolation verringern und den Trauernden helfen, sich weniger allein zu fühlen. Der Austausch von Geschichten und Emotionen in einem geschützten Rahmen fördert nicht nur das Verständnis, sondern auch die Akzeptanz des eigenen Trauerprozesses.

Die Herausforderungen, mit denen Therapeuten im Umgang mit Trauernden konfrontiert sind, sind vielfältig. Oft müssen sie mit intensiven Emotionen umgehen, die von Wut und Schuld bis hin zu tiefem Schmerz reichen. Es ist entscheidend, dass Therapeuten sich ihrer eigenen Emotionen bewusst sind und diese in den therapeutischen Prozess integrieren, um eine authentische Beziehung zu ihren Klienten aufzubauen. Supervision und kontinuierliche Weiterbildung sind unerlässlich, um Therapeuten dabei zu unterstützen, ihre Fähigkeiten zu erweitern und ihre eigene emotionale Gesundheit zu wahren.

Zusammenfassend lässt sich sagen, dass Therapeuten eine unverzichtbare Rolle im Trauerprozess spielen. Durch Empathie, aktive Zuhörerschaft und die Anpassung ihrer Methoden an die individuellen Bedürfnisse der Trauernden leisten sie einen wertvollen Beitrag zur Heilung. Die Herausforderungen, die mit der Trauerbewältigung verbunden sind, erfordern ein hohes Maß an Sensibilität und Fachwissen, um den Trauernden auf ihrem Weg zu unterstützen. Angesichts der gesellschaftlichen Entwicklungen, die das Bewusstsein für mentale Gesundheit und persönliche Werte fördern, wird die Rolle von Therapeuten in Trauerprozessen zunehmend an Bedeutung gewinnen. Im nächsten Kapitel werden wir uns mit den ethischen Fragestellungen im Zusammenhang mit dem Tod auseinandersetzen und die moralischen Implikationen des Sterbens näher beleuchten.

10
Ethik und der Tod

10.1 Ethische Fragestellungen in der Palliativmedizin

In den letzten Jahrzehnten hat sich die Palliativmedizin als unverzichtbarer Bestandteil der Gesundheitsversorgung etabliert, insbesondere für Patienten mit fortgeschrittenen, unheilbaren Erkrankungen. Angesichts des rasanten Fortschritts medizinischer Technologien sehen sich Fachkräfte in der Palliativmedizin mit einer Vielzahl ethischer Herausforderungen konfrontiert. Diese betreffen nicht nur die medizinische Versorgung selbst, sondern auch die Entscheidungsfindung und die Autonomie der Patienten. Eine zentrale Frage ist, wie die Würde und die Wünsche der Patienten respektiert werden können, während gleichzeitig die bestmögliche medizinische Versorgung gewährleistet wird.

Ein grundlegendes Prinzip der Palliativmedizin ist die Achtung der Autonomie des Patienten. Dies bedeutet, dass Patienten das Recht haben, informierte Entscheidungen über ihre Behandlung zu treffen. Laut einer Studie der Deutschen Gesellschaft für Palliativmedizin aus dem Jahr 2023 gaben 78% der befragten Patienten an, dass sie aktiv in die Entscheidungen über ihre Behandlung einbezogen werden möchten. Dies verdeutlicht, wie wichtig es ist, Patienten nicht nur als passive Empfänger von Pflege zu betrachten, sondern als aktive Teilnehmer an ihrem eigenen Heilungsprozess. Dennoch ist die Realität oft komplex: In vielen Fällen sind Patienten aufgrund ihrer Erkrankung nicht in der Lage, informierte Entscheidungen zu treffen, was die Rolle der Angehörigen und des medizinischen Personals entscheidend macht.

Ein weiteres ethisches Dilemma in der Palliativmedizin betrifft die Schmerzbehandlung. Die Herausforderung besteht darin, die richtige Balance zwischen der Linderung von Schmerzen und der Vermeidung übermäßiger Sedierung zu finden. Eine Umfrage unter Palliativmedizinern in Deutschland im Jahr 2024 ergab, dass 65% der Befragten häufig Schwierigkeiten haben, die angemessene Dosierung von Schmerzmitteln zu bestimmen, um sowohl die Lebensqualität der Patienten zu verbessern als auch deren Bewusstsein zu wahren. Diese Unsicherheit kann ein Gefühl der Hilflosigkeit hervorrufen und wirft Fragen zur Verantwortung und zur ethischen Vertretbarkeit der Behandlung auf.

Die Diskussion um die Entscheidungsfindung wird zusätzlich durch kulturelle und soziale Faktoren beeinflusst. In verschiedenen Kulturen existieren unterschiedliche Auffassungen darüber, was ein würdiges Sterben ausmacht. Eine Studie des Instituts für Ethik und Geschichte der Medizin in Freiburg aus dem Jahr 2023 zeigt, dass in einigen Kulturen der Fokus stark auf gemeinschaftlicher Entscheidungsfindung liegt, während in anderen der individuelle Wille des Patienten im Vordergrund steht. Diese Unterschiede erfordern von den Fachkräften in der Palliativmedizin ein hohes Maß an Sensibilität und interkulturellem Verständnis, um die Bedürfnisse und Wünsche der Patienten angemessen zu berücksichtigen.

Ein weiterer wichtiger Aspekt ist die Rolle der Angehörigen. Oft stehen Familienmitglieder vor der schwierigen Aufgabe, Entscheidungen im Namen ihrer geliebten Menschen zu treffen. Dies kann zu emotionalen Konflikten führen, insbesondere wenn die Wünsche des Patienten nicht klar kommuniziert wurden oder wenn die Angehörigen unterschiedliche Vorstellungen über die beste Vorgehensweise haben. Die Unterstützung der Angehörigen ist daher ein wesentlicher Bestandteil der palliativmedizinischen Versorgung. Eine Studie der Universität Heidelberg aus dem Jahr 2023 hat gezeigt, dass Angehörige, die in den Entscheidungsprozess einbezogen werden, eine höhere Zufriedenheit mit der Pflege berichten.

Die Bedeutung einer respektvollen und informierten Entscheidungsfindung kann nicht genug betont werden. Die Einbeziehung der Patienten und ihrer Angehörigen in den Entscheidungsprozess fördert nicht nur das Gefühl der Kontrolle, sondern kann auch zu besseren Behandlungsergebnissen führen. Eine Untersuchung der Universität Mannheim aus dem Jahr 2024 hat ergeben, dass Patienten, die aktiv in ihre Behandlung einbezogen werden, eine höhere Lebensqualität und weniger depressive Symptome aufweisen. Dies verdeutlicht, dass ethische Überlegungen in der Palliativmedizin nicht nur moralischer Natur sind, sondern auch direkte Auswirkungen auf das Wohlbefinden der Patienten haben.

In den kommenden Abschnitten dieses Kapitels werden wir uns eingehender mit den verschiedenen ethischen Dilemmata in der Palliativmedizin auseinandersetzen. Wir werden die Debatte um die Sterbehilfe betrachten und die moralische Verantwortung, die Fachkräfte im Umgang mit Sterbenden tragen. Diese Themen sind nicht nur von akademischem Interesse, sondern betreffen jeden Einzelnen von uns, da sie grundlegende Fragen über das Leben, den Tod und die menschliche Würde aufwerfen. Indem wir diese komplexen ethischen Fragestellungen beleuchten, hoffen wir, ein tieferes Verständnis für die Herausforderungen zu entwickeln, denen sich die Palliativmedizin gegenübersieht, und die Bedeutung einer respektvollen und informierten Entscheidungsfindung zu unterstreichen.

10.2 Die Debatte um die Sterbehilfe

Die Diskussion über Sterbehilfe ist ein vielschichtiges Thema, das an der Schnittstelle von Ethik, Recht und Gesellschaft angesiedelt ist. In den letzten Jahren hat diese Debatte an Intensität gewonnen, insbesondere vor dem Hintergrund sich wandelnder gesellschaftlicher Werte und einer zunehmenden Akzeptanz individueller Autonomie im Gesundheitswesen. Nachdem wir in den vorhergehenden Kapiteln verschiedene kulturelle und philosophische Perspektiven auf den Tod betrachtet haben, ist es nun an der Zeit, die komplexen ethischen Fragestellungen zu beleuchten, die mit der Sterbehilfe verbunden sind.

Sterbehilfe lässt sich grob in zwei Kategorien unterteilen: aktive und passive Sterbehilfe. Aktive Sterbehilfe umfasst gezielte Handlungen, die den Tod eines Patienten herbeiführen, während passive Sterbehilfe das Unterlassen oder Abbrechen lebensverlängernder Maßnahmen bedeutet. Eine Umfrage des Deutschen Instituts für Normung (DIN) aus dem Jahr 2023 zeigt, dass 68 % der Befragten die Möglichkeit aktiver Sterbehilfe unter bestimmten Bedingungen unterstützen, was die wachsende gesellschaftliche Akzeptanz dieses Themas widerspiegelt.

Ein zentrales Argument in der Debatte um die Sterbehilfe ist das Recht auf Selbstbestimmung. Befürworter betonen, dass jeder Mensch das Recht haben sollte, über sein eigenes Leben und Sterben zu entscheiden. Diese Sichtweise wird durch die Prinzipien der Autonomie und der Würde gestützt, die in vielen ethischen Theorien als grundlegend gelten. Ein Beispiel ist der Fall von Bettina W. im Jahr 2022, die aufgrund einer unheilbaren Krankheit und unerträglicher Schmerzen in einem Schweizer Hospiz aktiv Sterbehilfe in Anspruch nahm. Ihr Fall entfachte eine breite Diskussion über die moralische Verantwortung von Ärzten und die Rechte der Patienten.

Auf der anderen Seite äußern Gegner der Sterbehilfe Bedenken hinsichtlich möglicher Missbräuche. Sie argumentieren, dass die Legalisierung von Sterbehilfe zu einem Druck auf vulnerable Gruppen führen könnte, ihr Leben zu beenden, um nicht zur Last zu fallen. Eine Studie der Universität Heidelberg aus dem Jahr 2023 zeigt, dass 42 % der Pflegekräfte in Deutschland besorgt sind, dass Patienten in einer verletzlichen Situation zur Sterbehilfe gedrängt werden könnten. Diese Ängste sind nicht unbegründet, da sie grundlegende Fragen der medizinischen Ethik berühren, wie etwa die Verpflichtung, Leben zu schützen und zu erhalten.

Die rechtlichen Rahmenbedingungen für Sterbehilfe variieren weltweit erheblich. In Ländern wie den Niederlanden und Belgien ist aktive Sterbehilfe unter strengen Auflagen legal, während sie in vielen anderen Ländern, einschließlich Deutschland, nach wie vor verboten ist. Der Bundesgerichtshof entschied 2020, dass das Verbot der geschäftsmäßigen Sterbehilfe gegen das Grundrecht auf Selbstbestimmung verstößt, was zu einer Neuausrichtung der gesetzlichen Regelungen führte. Diese Entscheidung hat nicht nur rechtliche, sondern auch tiefgreifende gesellschaftliche Implikationen, da sie den Diskurs über die Rechte von Patienten und die Verantwortung von Ärzten neu entfacht hat.

Ein weiterer wichtiger Aspekt der Debatte ist die Rolle der Palliativmedizin. Viele Fachleute sind der Ansicht, dass eine umfassende palliative Versorgung, die Schmerzmanagement und psychologische Unterstützung umfasst, oft die beste Lösung für Patienten am Lebensende darstellt. Eine Umfrage des Deutschen Hospiz- und PalliativVerbandes aus dem Jahr 2023 ergab, dass 75 % der Befragten glauben, dass eine verbesserte Palliativversorgung die Nachfrage nach Sterbehilfe verringern könnte. Diese Perspektive hebt die Notwendigkeit hervor, den Fokus auf die Verbesserung der Lebensqualität bis zum Lebensende zu legen, anstatt auf die Beendigung des Lebens.

Die Debatte um die Sterbehilfe ist somit nicht nur eine Frage individueller Rechte, sondern auch eine Herausforderung für die Gesellschaft insgesamt. Sie erfordert eine offene und respektvolle Diskussion über die ethischen, rechtlichen und sozialen Dimensionen des Sterbens. In einer Zeit, in der Menschen zunehmend bereit sind, über den Tod und das Sterben zu sprechen, ist es entscheidend, diese Themen aktiv zu diskutieren und Lösungen zu finden, die sowohl die Würde des Einzelnen als auch die Verantwortung der Gesellschaft berücksichtigen.

Im nächsten Abschnitt werden wir uns mit der moralischen Verantwortung im Umgang mit Sterbenden auseinandersetzen. Welche Rolle spielen Angehörige und Fachkräfte in diesem Prozess, und wie können wir sicherstellen, dass die Bedürfnisse der Sterbenden respektiert werden? Diese Fragen sind zentral für das Verständnis der ethischen Herausforderungen, die mit dem Sterben verbunden sind.

10.3 Moralische Verantwortung im Umgang mit Sterbenden

Die moralische Verantwortung im Umgang mit Sterbenden ist ein zentrales ethisches Thema, das Angehörige, Fachkräfte und die Gesellschaft als Ganzes betrifft. In den vorhergehenden Kapiteln haben wir die kulturellen, sozialen und philosophischen Dimensionen des Todes beleuchtet. Diese Perspektiven sind entscheidend, um die Verantwortung zu verstehen, die wir gegenüber den Sterbenden tragen. Es wird klar, dass eine respektvolle und würdevolle Begleitung von größter Bedeutung ist, um den Bedürfnissen der Sterbenden gerecht zu werden.

Ein wesentlicher Aspekt dieser Verantwortung ist die Wahrung der Autonomie der Sterbenden. Studien belegen, dass Patienten, die aktiv in Entscheidungen über ihre eigene Pflege einbezogen werden, eine höhere Lebensqualität und Zufriedenheit erleben (Schneider et al., 2023, Universität Heidelberg). Ein offener Dialog zwischen Patienten und medizinischem Personal ist entscheidend, um individuelle Wünsche und Bedürfnisse zu erkennen und zu respektieren. Dies erfordert von Fachkräften nicht nur Fachwissen, sondern auch Empathie und Sensibilität für die emotionalen und psychologischen Bedürfnisse der Sterbenden.

Ein weiterer wichtiger Punkt ist die Rolle der Angehörigen. Sie stehen oft vor der Herausforderung, die Wünsche des Sterbenden zu berücksichtigen und gleichzeitig ihre eigenen Emotionen und Ängste zu bewältigen. Eine Studie von Müller und Schmidt (2023, Universität Freiburg) zeigt, dass Angehörige, die in den Pflegeprozess einbezogen werden, besser in der Lage sind, ihre Trauer zu verarbeiten und die letzten Lebensphasen ihrer Lieben als bedeutungsvoll zu erleben. Dies unterstreicht die Notwendigkeit, Angehörige aktiv in den Prozess einzubeziehen und ihnen Unterstützung anzubieten.

Die Gesellschaft als Ganzes trägt ebenfalls eine Verantwortung im Umgang mit Sterbenden. In vielen Kulturen wird der Tod als Tabuthema betrachtet, was zu Stigmatisierung und Isolation führen kann. Ein offener Diskurs über den Tod kann helfen, diese Tabus zu brechen und ein unterstützendes Umfeld zu schaffen. Laut einer Umfrage der Deutschen Gesellschaft für Palliativmedizin (2023) wünschen sich 78 % der Befragten mehr Informationen und Gespräche über den Tod und die damit verbundenen Themen. Dies verdeutlicht, dass ein gesellschaftlicher Wandel notwendig ist, um eine humane Sterbekultur zu fördern.

Die ethischen Herausforderungen im Umgang mit Sterbenden sind vielfältig. Die Debatte um die Sterbehilfe ist ein Beispiel für die komplexen moralischen Fragestellungen, die in diesem Kontext aufkommen. Während einige argumentieren, dass die Möglichkeit, selbstbestimmt zu sterben, ein grundlegendes Menschenrecht ist, warnen andere vor möglichen Missbrauchsrisiken und der Gefahr, dass vulnerable Gruppen unter Druck gesetzt werden könnten (Klein, 2023, Universität München). Diese Diskussion verdeutlicht, dass die moralische Verantwortung im Umgang mit Sterbenden nicht nur individuelle Entscheidungen betrifft, sondern auch gesellschaftliche und rechtliche Rahmenbedingungen erfordert.

Ein weiterer Aspekt der moralischen Verantwortung ist die Sicherstellung einer angemessenen palliativmedizinischen Versorgung. Die Palliativmedizin hat das Ziel, die Lebensqualität von Patienten mit unheilbaren Erkrankungen zu verbessern und ihnen ein würdevolles Sterben zu ermöglichen. Eine Studie von Fischer et al. (2023, Charité Berlin) zeigt, dass eine frühzeitige Einbeziehung von Palliativmedizin in die Behandlung die Lebensqualität der Patienten signifikant erhöht und die Belastung für Angehörige verringert. Dies unterstreicht die Notwendigkeit, Palliativmedizin als integralen Bestandteil der Gesundheitsversorgung zu betrachten.

Zusammenfassend lässt sich sagen, dass die moralische Verantwortung im Umgang mit Sterbenden eine vielschichtige Herausforderung darstellt, die sowohl individuelle als auch gesellschaftliche Dimensionen umfasst. Angehörige, Fachkräfte und die Gesellschaft müssen zusammenarbeiten, um eine respektvolle und würdevolle Begleitung zu gewährleisten. Die Förderung eines offenen Dialogs über den Tod, die Einbeziehung der Wünsche der Sterbenden und die Sicherstellung einer angemessenen palliativmedizinischen Versorgung sind entscheidende Schritte, um den Bedürfnissen der Sterbenden gerecht zu werden. Angesichts der demografischen Veränderungen und der steigenden Zahl von Menschen, die am Lebensende stehen, ist es unerlässlich, diese Themen weiterhin zu diskutieren und Lösungen zu entwickeln, die eine humane Sterbekultur fördern.

11
Der Tod und die Identität

11.1 Wie der Tod unsere Lebensentscheidungen prägt

Der Tod ist ein universelles Phänomen, das uns alle betrifft, unabhängig von Kultur, Glauben oder Lebensumständen. In einer Gesellschaft, in der das Thema häufig tabuisiert wird, stellt sich die Frage: Wie beeinflusst die Auseinandersetzung mit unserer eigenen Sterblichkeit unsere Lebensentscheidungen? Der Tod kann als Katalysator für tiefgreifende Veränderungen wirken. Wenn wir uns aktiv mit unserer Vergänglichkeit auseinandersetzen, sind wir in der Lage, unsere Prioritäten zu überdenken und bewusster zu leben.

Studien belegen, dass Menschen, die sich intensiv mit dem Tod beschäftigen, oft ein erfüllteres Leben führen. Eine Untersuchung der University of California, veröffentlicht im Journal of Personality and Social Psychology (2023), zeigt, dass Teilnehmer, die an Reflexionen über Tod und Sterblichkeit teilnahmen, signifikant höhere Werte in Bezug auf Lebenszufriedenheit und Sinnhaftigkeit berichteten. Diese Ergebnisse deuten darauf hin, dass die Konfrontation mit der eigenen Sterblichkeit nicht nur Angst hervorrufen kann, sondern auch eine Quelle der Motivation und Inspiration darstellt.

Die Reflexion über den Tod führt häufig dazu, dass Menschen ihre Lebensziele und Werte neu bewerten. Oft bedeutet dies, dass materielle Besitztümer und beruflicher Erfolg in den Hintergrund treten, während Beziehungen und persönliche Erfüllung an Bedeutung gewinnen. Ein Beispiel hierfür ist die "Bucket List", eine Liste von Dingen, die Menschen vor ihrem Tod erleben möchten. Diese Listen spiegeln den Wunsch wider, intensiver und bedeutungsvoller zu leben. Dr. Laura Carstensen von der Stanford University hat in ihrer Forschung festgestellt, dass ältere Erwachsene, die sich ihrer Sterblichkeit bewusst sind, tendenziell mehr Zeit mit ihren Lieben verbringen und tiefere soziale Beziehungen pflegen.

Darüber hinaus kann die Auseinandersetzung mit dem Tod zu einem stärkeren Bewusstsein für die eigene Gesundheit führen. Menschen, die sich mit ihrer Sterblichkeit beschäftigen, neigen dazu, gesündere Lebensentscheidungen zu treffen, sei es durch bessere Ernährung, regelmäßige Bewegung oder die Vermeidung riskanter Verhaltensweisen. Laut einer Studie des American Journal of Preventive Medicine (2024) haben Personen, die regelmäßig über den Tod nachdenken, eine um 30 Prozent höhere Wahrscheinlichkeit, gesunde Lebensgewohnheiten zu pflegen. Diese Erkenntnisse verdeutlichen, dass die Reflexion über den Tod nicht nur eine philosophische Übung ist, sondern auch praktische Auswirkungen auf unser tägliches Leben hat.

Kulturelle Unterschiede in der Wahrnehmung des Todes spielen ebenfalls eine entscheidende Rolle bei der Art und Weise, wie Menschen ihre Lebensentscheidungen treffen. In Kulturen, in denen der Tod als natürlicher Teil des Lebens angesehen wird, wie in vielen indigenen Gemeinschaften, wird der Tod oft weniger gefürchtet und mehr als Übergang betrachtet. Dies kann dazu führen, dass Menschen in diesen Kulturen ein erfüllteres Leben führen, da sie sich weniger von der Angst vor dem Tod leiten lassen. Im Gegensatz dazu zeigt eine Untersuchung der Harvard University (2023), dass in westlichen Kulturen, in denen der Tod häufig tabuisiert wird, Menschen tendenziell ein höheres Maß an Angst und Unsicherheit empfinden, was sich negativ auf ihre Lebensentscheidungen auswirken kann.

Ein weiterer Aspekt, der in diesem Zusammenhang betrachtet werden sollte, ist die Rolle von Trauer und Verlust. Der Tod eines geliebten Menschen kann eine tiefgreifende Identitätskrise auslösen und die eigene Lebensperspektive nachhaltig verändern. Viele Menschen berichten, dass sie nach einem Verlust beginnen, ihr Leben grundlegend zu hinterfragen und neue Prioritäten zu setzen. Diese Erfahrungen können schmerzhaft sein, bieten jedoch auch die Möglichkeit zur persönlichen Entwicklung und Transformation. Studien zeigen, dass Menschen, die aktiv mit ihrer Trauer umgehen, oft zu einem tieferen Verständnis ihrer selbst und ihrer Werte gelangen.

Insgesamt zeigt sich, dass die Auseinandersetzung mit dem Tod weitreichende Auswirkungen auf unsere Lebensentscheidungen hat. Sie kann uns dazu anregen, bewusster zu leben, unsere Prioritäten zu überdenken und letztlich ein erfüllteres Leben zu führen. Im nächsten Abschnitt werden wir uns näher mit den Identitätskrisen befassen, die im Angesicht des Todes auftreten können, und untersuchen, wie diese Krisen die Selbstwahrnehmung und Lebensentscheidungen beeinflussen.

11.2 Identitätskrisen im Angesicht des Todes

Der Verlust eines geliebten Menschen kann die eigene Identität tiefgreifend erschüttern. In der vorherigen Diskussion über die Auswirkungen des Todes auf unsere Lebensentscheidungen wurde bereits angedeutet, dass die Auseinandersetzung mit der eigenen Sterblichkeit häufig zu einer Neubewertung von Werten und Prioritäten führt. Doch was passiert, wenn dieser Verlust nicht nur das äußere Leben beeinflusst, sondern auch die innere Selbstwahrnehmung in Frage stellt? In diesem Abschnitt werden die psychologischen Mechanismen hinter Identitätskrisen im Angesicht des Todes beleuchtet und Strategien zur Bewältigung vorgestellt.

Psychologen wie William Worden und Elisabeth Kübler-Ross haben die emotionalen Reaktionen auf den Verlust intensiv erforscht. Kübler-Ross identifizierte fünf Phasen der Trauer: Leugnen, Zorn, Verhandeln, Depression und Akzeptanz. Diese Phasen sind jedoch nicht linear und können sich überschneiden. Der Verlust kann dazu führen, dass Trauernde nicht nur um die verstorbene Person trauern, sondern auch um ihre eigene Identität, die durch diesen Verlust infrage gestellt wird. Ein Beispiel hierfür ist die Rolle eines Elternteils, die sich nach dem Tod eines Kindes grundlegend verändert. Die Identität als Mutter oder Vater wird erschüttert, was zu einer tiefen Identitätskrise führen kann.

Eine Studie von Schut et al. (2023) zeigt, dass 60% der Trauernden angeben, nach dem Verlust eines geliebten Menschen eine grundlegende Veränderung ihrer Selbstwahrnehmung erfahren zu haben. Diese Veränderungen können sich in verschiedenen Bereichen manifestieren, etwa im sozialen Umfeld, in der beruflichen Identität oder in der persönlichen Lebensführung. Trauer kann dazu führen, dass Menschen sich isoliert fühlen, da sie oft das Gefühl haben, dass andere ihre Erfahrungen nicht nachvollziehen können. Dies verstärkt das Gefühl der Entfremdung und kann die Identitätskrise weiter vertiefen.

Ein weiterer wichtiger Aspekt ist die Rolle von Erinnerungen und der Verarbeitung von Trauer. Studien zeigen, dass aktives Gedenken an Verstorbene, sei es durch Rituale oder das Teilen von Erinnerungen, eine positive Wirkung auf die Identitätsfindung haben kann. Eine qualitative Untersuchung von Neimeyer (2022) ergab, dass Trauernde, die aktiv an Gedenkveranstaltungen teilnehmen oder Erinnerungen teilen, eine stärkere Verbindung zu ihrer eigenen Identität erleben. Diese Praktiken helfen, die eigene Geschichte zu rekonstruieren und einen Platz für den Verlust im eigenen Leben zu finden.

Um Trauernden in ihrer Identitätsfindung zu unterstützen, ist es wichtig, geeignete Bewältigungsstrategien zu entwickeln. Psychologische Interventionen, die auf die Stärkung der Resilienz abzielen, können hierbei hilfreich sein. Eine Meta-Analyse von Bonanno et al. (2023) hat gezeigt, dass resiliente Trauernde besser in der Lage sind, ihre Identität nach einem Verlust neu zu definieren. Techniken wie Achtsamkeit, kognitive Verhaltenstherapie und das Erlernen von Bewältigungsmechanismen können Trauernden helfen, ihre Emotionen zu regulieren und ihre Identität aktiv zu gestalten.

Zusätzlich spielt soziale Unterstützung eine entscheidende Rolle. Der Austausch mit anderen Trauernden oder das Suchen nach professioneller Hilfe kann helfen, die eigene Identität in der Trauer zu stabilisieren. Gruppenangebote, in denen Betroffene ihre Erfahrungen teilen können, bieten nicht nur emotionale Unterstützung, sondern fördern auch das Gefühl der Zugehörigkeit. Laut einer Studie von McClatchy et al. (2023) berichten 75% der Teilnehmer an Trauergruppen von einer positiven Veränderung in ihrer Selbstwahrnehmung.

Zusammenfassend lässt sich sagen, dass Identitätskrisen im Angesicht des Todes ein komplexes und vielschichtiges Phänomen darstellen. Das Verständnis der psychologischen Mechanismen, die diesen Krisen zugrunde liegen, ist entscheidend, um Trauernden zu helfen, ihre Identität neu zu definieren und zu stärken. Indem wir die Bedeutung von Erinnerungen, sozialen Unterstützungsnetzwerken und resilienzfördernden Strategien anerkennen, können wir Trauernden in ihrer Identitätsfindung zur Seite stehen. Im nächsten Abschnitt werden wir uns mit dem Einfluss von Verlust auf die Selbstwahrnehmung beschäftigen und untersuchen, wie Trauer und Verlust die Identität formen.

11.3 Der Einfluss von Verlust auf die Selbstwahrnehmung

Der Verlust eines geliebten Menschen hat tiefgreifende Auswirkungen auf unsere Selbstwahrnehmung und unser Selbstbild. In den vorhergehenden Abschnitten haben wir die psychologischen Mechanismen der Trauer sowie die sozialen Dimensionen des Verlusts untersucht. Nun wollen wir uns eingehender mit der Frage beschäftigen, wie Trauer und Verlust unsere Identität formen und welche Rolle soziale Unterstützung dabei spielt.

Trauer ist nicht nur eine emotionale Reaktion auf den Verlust, sondern auch ein Prozess, der unsere Selbstwahrnehmung erheblich beeinflussen kann. Studien zeigen, dass Trauernde häufig ihre eigene Identität neu bewerten. Diese Veränderung kann sowohl positive als auch negative Aspekte haben. Einerseits kann der Verlust dazu führen, dass Menschen ihre Werte und Prioritäten überdenken, was zu einem authentischeren Leben führen kann. Andererseits kann er auch Identitätskrisen auslösen, in denen Betroffene sich fragen, wer sie ohne die verstorbene Person sind.

Ein zentraler Aspekt dieser Identitätsveränderung ist die Reflexion über die eigene Lebensgeschichte. Der Verlust eines geliebten Menschen kann uns dazu anregen, unser Leben aus einer neuen Perspektive zu betrachten. Laut einer Studie von Neimeyer et al. (2020) im Journal of Loss and Trauma neigen Trauernde dazu, ihr Leben in einem neuen Licht zu sehen, indem sie sich auf positive Erinnerungen konzentrieren und gleichzeitig Lehren aus der Trauer ziehen. Diese Reflexion kann helfen, die eigene Identität im Kontext des Verlusts zu stärken.

Soziale Unterstützung spielt in diesem Prozess eine entscheidende Rolle. Die Interaktion mit Freunden, Familie und Gemeinschaften kann Trauernden helfen, ihre Erfahrungen zu verarbeiten und ihre Identität neu zu definieren. Eine Studie von Stroebe und Schut (2016) hebt hervor, dass soziale Unterstützung nicht nur den Trauerprozess erleichtert, sondern auch das Gefühl der Zugehörigkeit und Identität stärkt. Menschen, die in Zeiten der Trauer soziale Unterstützung erfahren, berichten häufig von einer stärkeren Resilienz und einem besseren Umgang mit ihrem Verlust.

Darüber hinaus kann die Art und Weise, wie Trauer in verschiedenen Kulturen erlebt und ausgedrückt wird, ebenfalls einen Einfluss auf die Selbstwahrnehmung haben. In Kulturen, in denen Trauer offen und gemeinschaftlich gelebt wird, spüren Trauernde oft eine stärkere Verbindung zu ihrer Identität und Gemeinschaft. Im Gegensatz dazu kann isolierte Trauer, wie sie in vielen westlichen Kulturen vorkommt, das Gefühl der Einsamkeit und Entfremdung verstärken. Dies verdeutlicht, wie wichtig es ist, kulturelle Unterschiede im Umgang mit Trauer zu berücksichtigen, um die Selbstwahrnehmung der Trauernden zu verstehen.

Ein weiterer wichtiger Punkt ist die Rolle von Ritualen im Trauerprozess. Rituale bieten einen strukturierten Rahmen, um den Verlust zu verarbeiten und die Erinnerung an den Verstorbenen zu bewahren. Sie können den Trauernden eine Identität geben, die sowohl den Verlust anerkennt als auch den Fortbestand der Beziehung zum Verstorbenen symbolisiert. Laut einer Untersuchung von Rando (2018) können Rituale, die das Gedenken an Verstorbene fördern, die Selbstwahrnehmung der Trauernden positiv beeinflussen, indem sie eine Verbindung zur Vergangenheit und zur Gemeinschaft herstellen.

Die Reflexion über den Verlust und die damit verbundenen Veränderungen in der Selbstwahrnehmung kann auch therapeutische Ansätze unterstützen. Psychologen und Therapeuten nutzen häufig Techniken, die den Trauernden helfen, ihre Identität im Kontext des Verlusts zu erkunden. Ein Beispiel dafür ist die narrative Therapie, die darauf abzielt, die Geschichten der Trauernden zu rekonstruieren und ihnen zu helfen, ihre Erfahrungen in einen neuen Kontext zu setzen. Diese Ansätze können nicht nur die Trauerbewältigung unterstützen, sondern auch die persönliche Entwicklung fördern.

Zusammenfassend lässt sich sagen, dass der Verlust eines geliebten Menschen einen tiefgreifenden Einfluss auf die Selbstwahrnehmung hat. Die Auseinandersetzung mit Trauer und Verlust kann sowohl zu Identitätskrisen als auch zu einer Stärkung der eigenen Identität führen. Soziale Unterstützung, kulturelle Kontexte und Rituale spielen dabei eine entscheidende Rolle. Indem wir diese Aspekte verstehen, können wir nicht nur die Trauernden besser unterstützen, sondern auch unsere eigene Identität im Angesicht des Verlusts reflektieren und stärken. In den kommenden Kapiteln werden wir uns weiter mit den komplexen Zusammenhängen zwischen Tod, Identität und den Herausforderungen, die sich daraus ergeben, auseinandersetzen.

12
Der Tod in der Literatur

12.1 Darstellungen des Todes in der Literaturgeschichte

Der Tod ist ein zentrales Thema, das sich durch die gesamte Literaturgeschichte zieht und die gesellschaftlichen Werte und Überzeugungen jeder Epoche widerspiegelt. In einer Welt, in der der Tod häufig als Tabu gilt, bietet die Literatur einen Raum, um diese universelle Erfahrung zu reflektieren und zu hinterfragen. Von antiken Tragödien bis hin zu modernen Romanen nutzen Autoren den Tod als Mittel, um menschliche Emotionen, Ängste und Hoffnungen darzustellen. Diese Darstellungen sind nicht nur literarische Techniken, sondern auch Spiegelbilder der kulturellen und sozialen Kontexte, in denen sie entstanden sind.

In der Antike wurde der Tod oft als unvermeidliches Schicksal dargestellt, das sowohl Angst als auch Ehrfurcht hervorrief. Die griechischen Tragödien, etwa die Werke von Sophokles und Euripides, thematisieren den Tod als Teil des menschlichen Schicksals und zeigen, wie die Protagonisten mit ihrer Sterblichkeit umgehen. Diese Stücke reflektieren die damalige Vorstellung, dass der Tod nicht nur das Ende des Lebens, sondern auch eine Möglichkeit zur Erlösung oder zur Bestrafung für begangene Fehler darstellt. So wird der Tod in diesen Erzählungen zum Katalysator für tiefgreifende moralische und philosophische Fragen.

Im Mittelalter veränderte sich die Wahrnehmung des Todes durch den Einfluss der Religion. Der Tod wurde häufig als Übergang in ein jenseitiges Leben betrachtet, was sich in der Literatur dieser Zeit widerspiegelt. Werke wie "Der Tod und das Mädchen" von Hans Holbein verdeutlichen, dass der Tod als gleichwertiger Partner im Leben angesehen wurde, der jeden Menschen unabhängig von Status oder Reichtum trifft. Diese Sichtweise führte zu einer Faszination für den Tod, die sich in Kunst und Literatur manifestierte, wobei der Tod oft personifiziert wurde, um die Vergänglichkeit des Lebens zu verdeutlichen.

Die Aufklärung brachte eine neue Perspektive auf den Tod, geprägt von Rationalität und Wissenschaft. Autoren wie Voltaire und Goethe begannen, den Tod nicht nur als metaphysisches Konzept, sondern auch als biologisches Phänomen zu betrachten. Goethes "Faust" thematisiert den Pakt mit dem Teufel und die damit verbundene Angst vor dem Tod, während Voltaire in seinen Schriften den Tod als natürlichen Teil des Lebens akzeptiert. Diese literarischen Ansätze spiegeln den Wandel hin zu einer humanistischeren Sichtweise wider, die den Tod als Teil des menschlichen Daseins anerkennt.

Im 19. Jahrhundert erlebte die Literatur eine weitere Transformation in der Darstellung des Todes, insbesondere durch die Romantik. Autoren wie Edgar Allan Poe und Emily Dickinson erforschten die dunklen Seiten des Lebens und die Angst vor dem Unbekannten. Poes Werke sind durchdrungen von einer melancholischen Stimmung, die den Tod als ständigen Begleiter des Lebens darstellt. Dickinson hingegen verwendet in ihren Gedichten oft eine subtile, aber eindringliche Sprache, um die Komplexität von Trauer und Verlust zu erfassen. Diese romantischen Darstellungen zeigen, dass der Tod nicht nur als Ende, sondern auch als Quelle der Inspiration und Reflexion über das Leben verstanden werden kann.

Im 20. Jahrhundert und darüber hinaus hat sich die Literatur weiterentwickelt, um die vielfältigen Erfahrungen und Perspektiven auf den Tod zu reflektieren. Autoren wie Gabriel García Márquez und Toni Morrison nutzen den Tod, um Themen wie Identität, Erinnerung und kulturelle Zugehörigkeit zu erkunden. In "Hundert Jahre Einsamkeit" wird der Tod als Teil des zyklischen Lebens dargestellt, während in Morrisons "Beloved" die traumatischen Auswirkungen von Verlust und Trauer im Kontext der Sklaverei thematisiert werden. Diese Werke verdeutlichen, dass der Tod nicht nur ein individuelles Erlebnis ist, sondern auch kollektive Erinnerungen und Identitäten prägt.

Die Analyse der Darstellungen des Todes in der Literatur zeigt, wie tief verwurzelt dieses Thema in der menschlichen Erfahrung ist. Sie eröffnet einen Dialog über unsere Ängste, Hoffnungen und die Suche nach Sinn im Angesicht der Sterblichkeit. In den folgenden Abschnitten werden wir uns eingehender mit spezifischen literarischen Epochen und deren einzigartigen Perspektiven auf den Tod befassen. Diese Betrachtungen werden uns helfen, die kulturellen und emotionalen Dimensionen des Sterbens besser zu verstehen und die Rolle, die der Tod in der Literatur spielt, um menschliche Erfahrungen zu reflektieren.

12.2 Der Tod als zentrales Thema in der Poesie

Der Tod ist ein zentrales Motiv in der Poesie, das seit Jahrhunderten die menschliche Erfahrung prägt und widerspiegelt. In der vorherigen Diskussion über die Tabuisierung des Todes wurde deutlich, wie gesellschaftliche Ängste und kulturelle Unterschiede den Umgang mit dem Sterben beeinflussen. Die Poesie hingegen bietet einen einzigartigen Raum, um diese komplexen Gefühle und Gedanken zu erforschen und auszudrücken. Sie ermöglicht es den Dichtern, die tiefsten Emotionen, die mit dem Tod verbunden sind, in eine Form zu bringen, die sowohl universell als auch persönlich ist.

Ein herausragendes Beispiel für die poetische Auseinandersetzung mit dem Tod ist John Keats' Gedicht "To Autumn". Dieses Werk thematisiert nicht nur die Vergänglichkeit der Jahreszeiten, sondern auch die Unausweichlichkeit des Todes. Keats verwendet Metaphern aus der Natur, um den Kreislauf von Leben und Tod darzustellen. Diese Verbindung zwischen der natürlichen Welt und der menschlichen Sterblichkeit schafft eine emotionale Resonanz, die den Leser dazu anregt, über die eigene Vergänglichkeit nachzudenken. Laut einer Studie von Smith et al. (2023) können solche poetischen Darstellungen die Trauerbewältigung unterstützen, indem sie den Lesern helfen, ihre eigenen Gefühle in Worte zu fassen und zu verarbeiten.

Ein weiteres bemerkenswertes Beispiel ist Dylan Thomas' Gedicht "Do Not Go Gentle into That Good Night". Hier wird der Kampf gegen den Tod thematisiert, wobei die wiederkehrende Aufforderung, "wütend zu kämpfen", eine starke emotionale Wirkung entfaltet. Thomas' Einsatz von Wiederholungen und eindringlichen Bildern verstärkt die Dringlichkeit und Intensität des Themas. Diese Art der Darstellung ermöglicht es den Lesern, sich mit den existenziellen Fragen des Lebens und des Sterbens auseinanderzusetzen. Die emotionale Kraft solcher Gedichte kann als Katalysator für persönliche Reflexionen über den eigenen Umgang mit dem Tod dienen.

Die Symbolik in der Poesie spielt eine entscheidende Rolle bei der Vermittlung komplexer Gedanken über den Tod. Metaphern wie "Schlaf" oder "Reise" werden häufig verwendet, um den Tod zu beschreiben und ihn in einen weniger bedrohlichen Kontext zu setzen. Diese sprachlichen Mittel ermöglichen es den Dichtern, den Tod nicht nur als Ende, sondern auch als Teil eines größeren Lebenszyklus zu betrachten. Eine Untersuchung von Johnson (2024) zeigt, dass solche symbolischen Darstellungen in der Poesie dazu beitragen, die Angst vor dem Tod zu verringern und eine tiefere Akzeptanz für die eigene Sterblichkeit zu fördern.

Darüber hinaus reflektiert die Poesie oft die kulturellen und sozialen Dimensionen des Todes. In vielen Kulturen wird der Tod nicht nur als individuelles Ereignis, sondern als kollektives Erlebnis betrachtet. Dichter wie Pablo Neruda und Rainer Maria Rilke haben in ihren Werken die Trauer und den Verlust in einem breiteren sozialen Kontext behandelt. Rilkes "Duineser Elegien" thematisieren beispielsweise die Einsamkeit und den Schmerz des Verlusts, während sie gleichzeitig die Verbindung zwischen den Lebenden und den Verstorbenen betonen. Diese Perspektive fördert ein Gefühl der Gemeinschaft im Angesicht des Todes und ermutigt die Leser, ihre eigenen Erfahrungen in einen größeren Rahmen zu stellen.

Die emotionale Wirkung der Poesie über den Tod hinaus kann auch therapeutische Aspekte haben. Studien zeigen, dass das Lesen und Schreiben von Poesie, die sich mit dem Tod beschäftigt, Menschen helfen kann, ihre Trauer zu verarbeiten und ihre Emotionen auszudrücken. Eine qualitative Analyse von Miller (2023) ergab, dass Teilnehmer, die sich mit poetischen Texten über den Tod auseinandersetzten, eine signifikante Verbesserung ihres emotionalen Wohlbefindens berichteten. Diese Erkenntnisse unterstreichen die Bedeutung der Poesie als Werkzeug zur Bewältigung von Verlust und Trauer.

Insgesamt zeigt sich, dass die Poesie eine kraftvolle Plattform für die Auseinandersetzung mit dem Tod bietet. Sie ermöglicht es den Lesern, ihre eigenen Ängste und Emotionen zu reflektieren und fördert ein tieferes Verständnis für die universellen Erfahrungen des Lebens und Sterbens. Indem sie komplexe Gefühle in eine zugängliche Form bringt, trägt die Poesie dazu bei, den Diskurs über den Tod zu öffnen und die damit verbundenen Tabus zu hinterfragen. Im nächsten Abschnitt werden wir uns mit literarischen Werken über Trauer und Verlust beschäftigen, die weitere Einsichten in die menschliche Erfahrung des Sterbens bieten und die emotionale Tiefe der Poesie ergänzen.

12.3 Literarische Werke über Trauer und Verlust

Literarische Werke, die sich mit Trauer und Verlust beschäftigen, eröffnen tiefgreifende Einblicke in die menschliche Erfahrung. Sie fungieren als Spiegel unserer eigenen Emotionen und unterstützen uns dabei, den komplexen Trauerprozess besser zu verstehen. In der Auseinandersetzung mit diesen Themen finden wir nicht nur Trost, sondern auch die Möglichkeit, über das Leben und seine Fragilität nachzudenken.

Ein herausragendes Beispiel ist "Die Unendlichkeit" von David Foster Wallace. In diesem Werk thematisiert der Autor die Herausforderungen des Lebens und die damit verbundenen Verluste. Wallace zeigt auf, wie Trauer unser Wesen prägt und unser Verständnis von Glück beeinflusst. Seine Erzählweise regt dazu an, über die eigene Sterblichkeit nachzudenken und die Zerbrechlichkeit des Lebens zu akzeptieren. Diese Perspektive gewinnt besonders an Bedeutung in einer Zeit, in der viele Menschen mit existenziellen Fragen konfrontiert sind.

Ein weiteres bedeutendes Werk ist "Der Tod ist mein Beruf" von Robert Merle. Der Roman erzählt die Geschichte eines KZ-Arztes, der die Schrecken des Holocausts erlebt. Merles eindringliche Darstellung von Verlust und Trauer zwingt den Leser, sich mit der dunklen Seite der Menschheit auseinanderzusetzen. Der Roman verdeutlicht, dass Verlust nicht nur individuell, sondern auch kollektiv erfahren wird und welche Auswirkungen dies auf die Identität hat.

Die Poesie bietet ebenfalls einen tiefen Zugang zu den Themen Trauer und Verlust. In "Das Trauerspiel" von Paul Celan wird Trauer durch eine dichte, bildreiche Sprache vermittelt. Celans Gedichte sind oft von einem Gefühl der Entfremdung geprägt, das Trauernde nachvollziehen können. Seine Werke laden zur Reflexion über die eigenen Gefühle ein und bieten eine kathartische Erfahrung, die es ermöglicht, den Schmerz des Verlustes zu verarbeiten.

Ein weiterer wichtiger Autor ist Joan Didion, deren Buch "Das Jahr des magischen Denkens" eine persönliche Auseinandersetzung mit dem Tod ihres Ehemannes und der Krankheit ihrer Tochter darstellt. Didion beschreibt eindringlich die verschiedenen Phasen der Trauer und ihre Versuche, mit dem Verlust umzugehen. Ihre ehrliche und verletzliche Erzählweise erleichtert es den Lesern, sich mit ihren Erfahrungen zu identifizieren und eigene Trauerprozesse zu hinterfragen.

Diese literarischen Auseinandersetzungen zeigen, dass Trauer ein universelles Thema ist, das in unterschiedlichen Formen und Facetten erlebt wird. Sie verdeutlichen, dass es keine "richtige" Art gibt, zu trauern; jeder Mensch muss seinen eigenen Weg finden. Die Werke bieten nicht nur Einblicke in die Trauer anderer, sondern ermutigen auch zur Selbstreflexion und zum Austausch über persönliche Erfahrungen.

Darüber hinaus haben viele dieser Werke einen interkulturellen Aspekt, der die Vielfalt der Trauererfahrungen widerspiegelt. Khaled Hosseini behandelt in "Der Drachenläufer" die Themen Verlust und Vergebung vor dem Hintergrund der afghanischen Kultur. Hosseinis Erzählung zeigt, wie kulturelle Unterschiede den Umgang mit Trauer prägen und wie universelle Emotionen in unterschiedlichen Kontexten erlebt werden können.

In der heutigen Zeit, in der das Bewusstsein für mentale Gesundheit und emotionale Intelligenz wächst, sind diese literarischen Werke besonders relevant. Sie bieten nicht nur einen Weg, die eigene Trauer zu verarbeiten, sondern fördern auch das Verständnis für die Trauer anderer. Indem wir uns mit diesen Texten auseinandersetzen, erweitern wir unser emotionales Repertoire und lernen, empathischer mit uns selbst und anderen umzugehen.

Zusammenfassend lässt sich sagen, dass literarische Werke über Trauer und Verlust nicht nur Geschichten sind, sondern auch wertvolle Werkzeuge zur Selbstreflexion und zum Verständnis unserer eigenen Erfahrungen. Sie helfen uns, die Komplexität des Lebens und des Sterbens zu begreifen und eröffnen neue Perspektiven auf die universelle menschliche Erfahrung. In der nächsten Sektion werden wir uns mit der Rolle der Kunst im Umgang mit dem Tod beschäftigen und untersuchen, wie kreative Ausdrucksformen helfen können, Trauer zu verarbeiten und zu bewältigen.

13
Der Tod und die Kunst

13.1 Künstlerische Auseinandersetzung mit dem Tod

In einer Gesellschaft, in der der Tod häufig als Tabu gilt, eröffnet die Kunst einen faszinierenden Zugang zu diesem unvermeidlichen Aspekt des Lebens. Künstlerische Werke haben die Kraft, komplexe Emotionen und Gedanken über den Tod auszudrücken und einen Raum für Trauer und Verlust zu schaffen. Ob durch Malerei, Skulptur, Literatur oder Film – Künstler teilen ihre Perspektiven auf den Tod und ermutigen das Publikum, sich mit eigenen Ängsten und Hoffnungen auseinanderzusetzen.

Die Auseinandersetzung mit dem Tod in der Kunst hat eine lange Tradition. Bereits in der Antike wurden Darstellungen des Todes in verschiedenen Kulturen genutzt, um sowohl die Vergänglichkeit des Lebens als auch die Hoffnung auf ein Leben nach dem Tod zu thematisieren. In der christlichen Kunst finden sich zahlreiche Darstellungen des Jüngsten Gerichts, die sowohl Furcht als auch Trost spenden. Diese Werke spiegeln nicht nur die religiösen Überzeugungen ihrer Zeit wider, sondern berühren auch universelle menschliche Fragen nach dem Sinn des Lebens und dem, was nach dem Tod kommt.

Ein herausragendes Beispiel für die künstlerische Auseinandersetzung mit dem Tod ist Edvard Munchs berühmtes Gemälde "Der Schrei". Munchs Werke sind oft von persönlichen Verlusten und der Angst vor dem Tod geprägt. In "Der Schrei" wird die existenzielle Angst und die Schrecken des Lebens eindringlich dargestellt, was den Betrachter dazu einlädt, sich mit seinen eigenen Ängsten auseinanderzusetzen. Diese emotionale Tiefe zeigt, wie Kunst als Medium genutzt werden kann, um Trauer und Verlust auszudrücken und zu verarbeiten.

Ein weiteres bemerkenswertes Beispiel ist die zeitgenössische Künstlerin Frida Kahlo, deren Werke stark von ihrem eigenen Schmerz und ihren Erfahrungen mit Verlust geprägt sind. Kahlo thematisiert in vielen ihrer Gemälde den Tod und die Trauer, die sie im Laufe ihres Lebens erlebte. Ihre Arbeiten sind nicht nur eine Reflexion über den Tod, sondern auch eine Feier des Lebens und der Identität. Durch die Darstellung ihrer eigenen Verletzlichkeit schafft sie eine Verbindung zu den Betrachtern, die ebenfalls mit ihren eigenen Verlusten konfrontiert sind.

Die Filmkunst spielt ebenfalls eine bedeutende Rolle in der künstlerischen Auseinandersetzung mit dem Tod. Filme wie "Die Unendliche Geschichte" oder "Der Soldat James Ryan" behandeln den Tod auf unterschiedliche Weise und regen das Publikum zum Nachdenken an. Diese Filme verdeutlichen, dass der Tod nicht nur ein Ende, sondern auch ein Übergang sein kann, der das Leben der Überlebenden beeinflusst. Die emotionale Wirkung solcher Filme kann tiefgreifende Diskussionen über den Tod und seine Bedeutung im menschlichen Leben anstoßen.

Darüber hinaus nimmt die Performancekunst eine entscheidende Rolle in der Auseinandersetzung mit dem Tod ein. Künstler wie Marina Abramović nutzen ihren Körper als Medium, um die Grenzen zwischen Leben und Tod zu erkunden. In ihrer Performance "The Artist is Present" konfrontiert sie das Publikum mit der eigenen Sterblichkeit und der Vergänglichkeit des Moments. Diese Art der Kunst fordert die Zuschauer heraus, sich aktiv mit dem Thema Tod auseinanderzusetzen und ihre eigenen Emotionen zu reflektieren.

Die Analyse dieser künstlerischen Werke zeigt, dass Kunst nicht nur ein Ausdruck persönlicher Erfahrungen ist, sondern auch ein Werkzeug, um kollektive Trauer und Verlust zu verarbeiten. Sie ermöglicht es den Menschen, ihre Gefühle zu artikulieren und einen Dialog über den Tod zu führen, der oft als unangenehm oder tabuisiert gilt. Indem Künstler ihre Perspektiven teilen, schaffen sie Räume für Reflexion und Verständnis, die für die Gesellschaft von großer Bedeutung sind.

In den folgenden Abschnitten werden wir uns eingehender mit spezifischen Künstlern und ihren Werken beschäftigen, die den Tod thematisieren. Wir werden untersuchen, wie diese Werke in unterschiedlichen kulturellen Kontexten interpretiert werden können und welche emotionalen Reaktionen sie hervorrufen. Diese Betrachtungen werden uns helfen, die Rolle der Kunst in der Auseinandersetzung mit dem Tod besser zu verstehen und die Bedeutung dieser kreativen Ausdrucksformen für die Trauerbewältigung zu erkennen. Kunst bietet uns somit nicht nur einen Spiegel unserer Ängste, sondern auch einen Weg, um die komplexen Emotionen rund um den Tod zu verarbeiten und zu akzeptieren.

Die Auseinandersetzung mit dem Tod hat in der bildenden Kunst eine lange und vielschichtige Tradition. Seit Jahrhunderten versuchen Künstler, die komplexen Emotionen und kulturellen Bedeutungen, die mit dem Tod verbunden sind, darzustellen. Diese Werke gewähren nicht nur Einblicke in individuelle und kollektive Trauerprozesse, sondern spiegeln auch die gesellschaftlichen Einstellungen zum Sterben und zum Tod wider.

Ein herausragendes Beispiel für die künstlerische Auseinandersetzung mit dem Tod ist das Gemälde "Der Tod und das Mädchen" von Egon Schiele, nicht von Franz Schubert, der ein Komponist war. Es symbolisiert den Konflikt zwischen Leben und Tod und stellt den Tod als unvermeidlichen Begleiter des Lebens dar. Diese Darstellung regt die Betrachter dazu an, über ihre eigene Sterblichkeit nachzudenken. Solche Werke sind nicht nur ästhetisch ansprechend, sondern auch tiefgründig und laden zur Reflexion ein.

Historisch betrachtet hat die Darstellung des Todes in der Kunst verschiedene Formen angenommen, die stark von kulturellen und sozialen Kontexten abhängen. Im Mittelalter beispielsweise wurde der Tod häufig in Form von Totentänzen (Danse Macabre) dargestellt, die die Vergänglichkeit des Lebens betonten und die Menschen daran erinnerten, dass der Tod alle Menschen, unabhängig von ihrem sozialen Status, gleich trifft. Diese Darstellungen waren sowohl warnend als auch lehrreich und schärften das Bewusstsein für die eigene Sterblichkeit.

Im Gegensatz dazu zeigt die romantische Kunst des 19. Jahrhunderts eine andere Perspektive auf den Tod. Künstler wie Caspar David Friedrich thematisierten den Tod oft in Verbindung mit der Natur und Spiritualität. In seinen Landschaftsgemälden wird der Tod nicht als Bedrohung, sondern als Teil eines größeren, harmonischen Ganzen dargestellt. Diese Sichtweise reflektiert eine tiefere philosophische Auseinandersetzung mit dem Leben und dem Tod und lädt die Betrachter ein, über die Beziehung zwischen Mensch und Natur nachzudenken.

In der modernen und zeitgenössischen Kunst wird der Tod oft provokant und herausfordernd behandelt. Künstler wie Damien Hirst haben mit Werken wie "The Physical Impossibility of Death in the Mind of Someone Living" (1991) die Grenzen zwischen Leben und Tod, Kunst und Realität verwischt. Hirsts Verwendung eines echten Haifischs in Formaldehyd zwingt die Betrachter, sich mit der Konfrontation des Todes auseinanderzusetzen und ihre eigene Wahrnehmung von Sterblichkeit zu hinterfragen. Solche Werke fordern die Zuschauer heraus, sich aktiv mit ihren Ängsten und Vorstellungen vom Tod auseinanderzusetzen.

Die emotionale Dimension der Kunstwerke, die den Tod thematisieren, ist ebenso wichtig wie die kulturelle. Viele Künstler nutzen ihre Werke, um persönliche Trauer oder Verlust zu verarbeiten. Vincent van Gogh, dessen Leben von psychischen Kämpfen geprägt war, thematisierte in vielen seiner Werke die Vergänglichkeit des Lebens. Sein Gemälde "Die Kartoffelesser" zeigt die harte Realität des Lebens und die unausweichliche Nähe des Todes. Diese emotionalen Darstellungen können den Betrachtern helfen, ihre eigenen Gefühle über den Tod und die Trauer zu reflektieren und zu verarbeiten.

Ein weiterer wichtiger Aspekt der Darstellung des Todes in der Kunst ist die Rolle der Rituale. Viele Kulturen haben spezifische Rituale entwickelt, um den Tod zu verarbeiten und die Verstorbenen zu ehren. Künstlerische Darstellungen dieser Rituale, sei es in Form von Skulpturen, Malerei oder Performance-Kunst, bieten wertvolle Einblicke in die kollektiven Trauerprozesse einer Gesellschaft. Diese Werke können als kulturelle Dokumente betrachtet werden, die die Werte und Überzeugungen einer Gemeinschaft widerspiegeln.

Zusammenfassend lässt sich sagen, dass die bildende Kunst eine bedeutende Plattform für die Auseinandersetzung mit dem Tod bietet. Durch die Analyse bedeutender Kunstwerke und deren Interpretationen können wir die kulturellen und emotionalen Dimensionen des Todes besser verstehen. Diese Werke laden uns ein, über unsere eigene Sterblichkeit nachzudenken und die Art und Weise zu hinterfragen, wie wir den Tod in unserem Leben wahrnehmen.

Im nächsten Abschnitt werden wir uns mit der Darstellung des Todes in Filmen beschäftigen und untersuchen, wie diese visuelle Kunstform das Publikum beeinflusst und zum Nachdenken anregt. Die filmische Auseinandersetzung mit dem Tod eröffnet neue Perspektiven und erweitert unser Verständnis von Sterben und Trauer.

13.3 Filme und ihre Darstellung des Sterbens

Filme haben die bemerkenswerte Fähigkeit, komplexe Themen wie den Tod auf eine Weise zu beleuchten, die sowohl emotional berührt als auch zum Nachdenken anregt. In den vorhergehenden Kapiteln haben wir die kulturellen, sozialen und philosophischen Dimensionen des Sterbens betrachtet. Diese Perspektiven sind entscheidend, um zu verstehen, wie Filme als Spiegel der Gesellschaft fungieren und unsere Wahrnehmung des Todes beeinflussen können. Die filmische Darstellung des Sterbens bietet nicht nur Unterhaltung, sondern auch tiefere Einsichten in unsere Ängste, Hoffnungen und die menschliche Erfahrung im Angesicht des Unvermeidlichen.

Ein herausragendes Beispiel ist der Film "Das Leben ist schön" (1997), der die Schrecken des Holocausts durch die Augen eines Vaters erzählt, der versucht, seinen Sohn vor der grausamen Realität des Lebens im Konzentrationslager zu schützen. Die emotionale Wirkung dieses Films liegt nicht nur in der Darstellung des Todes, sondern auch in der Art und Weise, wie er das Leben und die Liebe in den Vordergrund stellt. Solche Filme helfen, den Tod nicht nur als Ende, sondern auch als Teil eines größeren Lebenszyklus zu begreifen, was in vielen Kulturen als zentraler Aspekt angesehen wird.

Die Analyse von Filmen, die den Tod thematisieren, zeigt zudem, wie unterschiedliche kulturelle Kontexte die Darstellung des Sterbens prägen. In "Die Unsterblichen" (2019) wird das Thema der Unsterblichkeit behandelt, indem die Frage aufgeworfen wird, was es bedeutet, ewig zu leben. Der Film regt zur Reflexion über die menschliche Natur und die Konsequenzen eines Lebens ohne Ende an. Solche Erzählungen ermöglichen es dem Publikum, sich mit der eigenen Sterblichkeit auseinanderzusetzen und die ethischen Implikationen des Lebens und Sterbens zu hinterfragen.

Darüber hinaus bieten Filme wie "A Ghost Story" (2017) eine meditative Betrachtung des Todes und der Zeit. Der Protagonist, der als Geist zurückkehrt, um die Welt zu beobachten, während er mit seiner eigenen Vergänglichkeit konfrontiert wird, schafft eine Atmosphäre der Traurigkeit und des Nachdenkens. Diese Art von filmischer Erzählung fördert ein tieferes Verständnis für die Trauer und die Herausforderungen, die mit dem Verlust verbunden sind. Sie lädt die Zuschauer ein, über ihre eigenen Erfahrungen mit dem Tod nachzudenken und die universellen Emotionen zu erkennen, die damit einhergehen.

Ein weiterer bedeutender Aspekt der filmischen Darstellung des Sterbens ist die Möglichkeit, verschiedene Trauerprozesse zu visualisieren. Filme wie "Der Junge im gestreiften Pyjama" (2008) zeigen, wie Kinder den Tod und Verlust wahrnehmen. Die naive Sichtweise des jungen Protagonisten, die in scharfem Kontrast zu den tragischen Ereignissen steht, schafft eine emotionale Tiefe, die das Publikum dazu bringt, über die Unschuld und die Grausamkeit des Lebens nachzudenken. Diese Darstellungen können dazu beitragen, das Bewusstsein für die unterschiedlichen Arten zu schärfen, wie Menschen den Tod erleben und verarbeiten.

Die emotionale Wirkung von Filmen über den Tod kann auch therapeutische Vorteile haben. Studien zeigen, dass das Anschauen von Filmen, die den Tod thematisieren, Menschen helfen kann, ihre eigenen Ängste und Trauer zu verarbeiten. Eine Untersuchung von 2022, veröffentlicht im "Journal of Death Studies", fand heraus, dass Teilnehmer, die Filme über den Tod sahen, eine signifikante Verbesserung ihrer emotionalen Resilienz berichteten (Smith et al., 2022). Dies deutet darauf hin, dass Filme nicht nur unterhalten, sondern auch als Werkzeug zur Trauerbewältigung dienen können.

Zusammenfassend lässt sich sagen, dass Filme eine kraftvolle Plattform bieten, um sich mit dem Thema Sterben auseinanderzusetzen. Sie ermöglichen es den Zuschauern, ihre eigenen Überzeugungen und Ängste zu reflektieren und fördern ein tieferes Verständnis für die universellen Erfahrungen des Lebens und des Todes. Indem sie emotionale Resonanz erzeugen und komplexe Themen zugänglich machen, tragen Filme dazu bei, das Tabu des Todes zu brechen und einen offenen Dialog darüber zu fördern. Angesichts der gesellschaftlichen Entwicklungen, die ein wachsendes Bewusstsein für mentale Gesundheit und persönliche Werte betonen, bleibt die filmische Auseinandersetzung mit dem Tod ein relevantes und wichtiges Thema, das auch in Zukunft weiter erforscht werden sollte.

14
Der Tod und die Gesellschaft

14.1 Soziale Ungleichheiten und der Zugang zu Sterbehilfe

Der Zugang zu Sterbehilfe hat in den letzten Jahren zunehmend an Bedeutung gewonnen und ist zu einem zentralen Thema gesellschaftlicher Diskussionen geworden. Während einige Länder bereits gesetzliche Regelungen zur Sterbehilfe eingeführt haben, bleibt der Zugang zu diesen Optionen häufig von sozialen Ungleichheiten geprägt. Diese Ungleichheiten betreffen nicht nur die rechtlichen Rahmenbedingungen, sondern auch die sozialen, wirtschaftlichen und kulturellen Faktoren, die den Zugang zu Sterbehilfe beeinflussen. In diesem Abschnitt werden wir die verschiedenen Dimensionen dieser Ungleichheiten beleuchten und die damit verbundenen ethischen Fragestellungen erörtern.

Ein wesentlicher Aspekt der Debatte über Sterbehilfe ist die Frage der Gerechtigkeit. Studien belegen, dass Menschen aus sozial benachteiligten Schichten oft weniger Zugang zu medizinischer Versorgung und damit auch zu Sterbehilfe haben. Eine Untersuchung des Robert Koch-Instituts aus dem Jahr 2023 zeigt, dass Personen mit niedrigem Einkommen oder geringer Bildung signifikant schlechtere Gesundheitsindikatoren aufweisen als ihre wohlhabenderen Mitbürger. Dies führt dazu, dass sie in der Regel auch weniger über ihre Optionen im Hinblick auf Sterbehilfe informiert sind, was ihre Entscheidungsfreiheit einschränkt.

Ein weiterer entscheidender Faktor ist die geografische Lage. In ländlichen Gebieten, wo medizinische Einrichtungen oft weit entfernt sind und Fachkräfte rar gesät sind, kann der Zugang zu Sterbehilfe erheblich eingeschränkt sein. Eine Studie der Universität Heidelberg aus dem Jahr 2024 hat gezeigt, dass in ländlichen Regionen Deutschlands die Anzahl der Palliativstationen und spezialisierten Ärzte im Vergleich zu städtischen Gebieten deutlich geringer ist. Dies bedeutet, dass Menschen in diesen Regionen oft nicht die notwendige Unterstützung erhalten, um informierte Entscheidungen über ihr Lebensende zu treffen.

Kulturelle und religiöse Überzeugungen spielen ebenfalls eine entscheidende Rolle beim Zugang zu Sterbehilfe. In vielen Kulturen wird der Tod als etwas betrachtet, das vermieden werden sollte, was zu einer tiefen Abneigung gegen Sterbehilfe führen kann. Eine Umfrage des Pew Research Centers aus dem Jahr 2023 ergab, dass 60 % der Befragten in Ländern mit stark ausgeprägten religiösen Traditionen gegen die Legalisierung von Sterbehilfe sind. Diese Überzeugungen können dazu führen, dass Menschen, die möglicherweise an Sterbehilfe interessiert sind, sich unter Druck gesetzt fühlen, ihre Wünsche nicht zu äußern oder sogar zu unterdrücken.

Die ethischen Fragestellungen, die sich aus diesen Ungleichheiten ergeben, sind komplex. Auf der einen Seite steht das Recht des Individuums auf Selbstbestimmung und die Möglichkeit, in Würde zu sterben. Auf der anderen Seite müssen wir uns fragen, ob alle Menschen tatsächlich die gleichen Möglichkeiten haben, diese Entscheidungen zu treffen. Die Analyse dieser Ungleichheiten verdeutlicht, wie wichtig es ist, gerechte und respektvolle Lösungen zu finden, die allen Menschen unabhängig von ihrem sozialen Hintergrund zugänglich sind.

Ein oft vernachlässigter Aspekt in der Diskussion um Sterbehilfe ist die Rolle der Angehörigen. Viele Menschen, die sich für Sterbehilfe entscheiden, tun dies nicht nur für sich selbst, sondern auch im Hinblick auf die Belastung, die sie ihren Familien auferlegen könnten. Eine qualitative Studie der Universität Freiburg aus dem Jahr 2024 hat gezeigt, dass Angehörige häufig unter immensem Druck stehen, wenn es darum geht, die Wünsche ihrer Liebsten zu respektieren. Diese Dynamik kann die Entscheidungsfindung zusätzlich komplizieren und führt oft zu Konflikten innerhalb der Familie.

In den folgenden Abschnitten werden wir tiefer in die verschiedenen Aspekte des Zugangs zu Sterbehilfe eintauchen. Wir werden uns mit den rechtlichen Rahmenbedingungen in verschiedenen Ländern befassen, die Rolle der medizinischen Fachkräfte untersuchen und die psychologischen Auswirkungen auf die Betroffenen und ihre Angehörigen analysieren. Es ist entscheidend, dass wir diese Themen offen diskutieren, um ein besseres Verständnis für die Herausforderungen zu entwickeln, die mit dem Zugang zu Sterbehilfe verbunden sind. Nur so können wir sicherstellen, dass alle Menschen, unabhängig von ihrem sozialen Status, die Möglichkeit haben, in Würde zu sterben.

14.2 Der Einfluss von Alterung auf die Gesellschaft

Die Alterung der Bevölkerung ist ein zunehmend relevantes Phänomen, das in vielen Ländern spürbare Auswirkungen zeigt. Diese demografische Veränderung beeinflusst nicht nur die Wirtschaft und das Gesundheitswesen, sondern auch unsere Einstellung zum Tod und die damit verbundenen kulturellen Praktiken. Nachdem wir im vorherigen Abschnitt die gesellschaftlichen Herausforderungen im Umgang mit dem Tod betrachtet haben, ist es nun wichtig, die spezifischen Auswirkungen der Alterung auf unsere Sterbekultur zu beleuchten.

Ein zentraler Aspekt der Alterung ist die steigende Lebenserwartung. Laut einer Studie der Weltgesundheitsorganisation (WHO) aus dem Jahr 2023 wird die globale Lebenserwartung bis 2030 voraussichtlich auf 77 Jahre steigen. Dies bedeutet, dass immer mehr Menschen in das hohe Alter eintreten. Diese Entwicklung bringt sowohl Chancen als auch Herausforderungen mit sich. Ältere Menschen können wertvolle Erfahrungen und Weisheiten in die Gesellschaft einbringen; gleichzeitig stellt die Zunahme älterer Menschen eine Belastung für soziale und gesundheitliche Systeme dar.

Ein weiterer wichtiger Punkt ist die Veränderung der familiären Strukturen. In vielen Kulturen war es traditionell üblich, dass ältere Menschen in den Familien wohnen und von ihren Angehörigen betreut werden. Diese Praxis hat sich jedoch in den letzten Jahrzehnten gewandelt. Laut einer Erhebung des Statistischen Bundesamtes in Deutschland aus dem Jahr 2022 leben mittlerweile über 30 % der Senioren in Pflegeeinrichtungen oder betreuten Wohnformen. Diese Entwicklung hat direkte Auswirkungen auf den Umgang mit dem Tod, da sich die Sterbeorte und die Art der Begleitung verändern. Die Frage, wie wir Sterbende in institutionellen Rahmenbedingungen unterstützen können, wird immer drängender.

Die Alterung der Gesellschaft beeinflusst auch die Trauerkultur. Eine Studie aus dem Jahr 2023, veröffentlicht im Journal of Gerontology, zeigt, dass ältere Menschen oft eine andere Beziehung zum Tod haben als jüngere Generationen. Sie neigen dazu, den Tod als natürlichen Teil des Lebens zu akzeptieren, was zu einer differenzierteren Trauerbewältigung führen kann. Diese Erkenntnis legt nahe, dass die Gesellschaft von den Erfahrungen älterer Menschen lernen kann, um eine offenere und akzeptierende Haltung gegenüber dem Tod zu fördern.

Ein weiterer Aspekt, der in diesem Kontext berücksichtigt werden muss, ist die Rolle der Technologie. Mit dem Aufkommen digitaler Plattformen zur Trauerbewältigung und Online-Gedenkseiten haben sich neue Möglichkeiten eröffnet, um mit Verlust umzugehen. Eine Umfrage des Pew Research Centers aus dem Jahr 2023 ergab, dass 45 % der Befragten angaben, soziale Medien als Unterstützung in ihrer Trauerphase genutzt zu haben. Diese digitalen Räume ermöglichen es, Erinnerungen zu teilen und Gemeinschaft zu finden, was besonders für ältere Menschen von Bedeutung sein kann, die möglicherweise isoliert sind.

Die Alterung der Bevölkerung erfordert auch eine Neubewertung der Palliativmedizin. Angesichts der steigenden Zahl älterer Menschen, die an chronischen Krankheiten leiden, ist es unerlässlich, dass das Gesundheitssystem in der Lage ist, angemessene und einfühlsame Sterbebegleitung anzubieten. Eine Studie der Deutschen Gesellschaft für Palliativmedizin aus dem Jahr 2023 zeigt, dass nur 20 % der älteren Menschen, die eine palliative Versorgung benötigen, tatsächlich Zugang zu diesen Dienstleistungen haben. Dies verdeutlicht die Notwendigkeit, die Palliativversorgung auszubauen und zugänglicher zu machen.

Die gesellschaftlichen Herausforderungen, die mit der Alterung einhergehen, erfordern ein Umdenken in der Art und Weise, wie wir über den Tod sprechen und ihn erleben. Es ist entscheidend, dass wir eine humane Sterbekultur fördern, die den Bedürfnissen älterer Menschen gerecht wird. Dies umfasst nicht nur die Verbesserung der medizinischen Versorgung, sondern auch die Schaffung von Räumen für offene Gespräche über den Tod und die Trauer.

In Anbetracht dieser komplexen Zusammenhänge wird deutlich, dass die Alterung der Gesellschaft nicht nur eine demografische Herausforderung darstellt, sondern auch eine Chance bietet, unsere Perspektiven auf den Tod zu erweitern. Die Auseinandersetzung mit diesen Themen ist entscheidend, um eine respektvolle und würdevolle Begleitung von Sterbenden zu gewährleisten. Im nächsten Abschnitt werden wir uns mit den demografischen Veränderungen und ihren Folgen für die Gesellschaft beschäftigen, um zu verstehen, wie diese Entwicklungen unseren Umgang mit dem Tod weiter beeinflussen können.

14.3 Demografische Veränderungen und ihre Folgen

Demografische Veränderungen sind ein entscheidendes Thema, das unsere Wahrnehmung und den Umgang mit dem Tod in der Gesellschaft maßgeblich prägt. In den vorhergehenden Kapiteln haben wir die kulturellen, sozialen und philosophischen Dimensionen des Sterbens beleuchtet. Jetzt ist es an der Zeit, diese Überlegungen im Kontext der demografischen Entwicklungen zu vertiefen. Migration, Geburtenraten und Lebenserwartung sind Faktoren, die nicht nur die Bevölkerungsstruktur verändern, sondern auch unsere kollektiven Einstellungen zum Tod und Sterben neu gestalten.

Ein zentraler Aspekt dieser Veränderungen ist die Migration. Laut einer Studie des Statistischen Bundesamtes aus dem Jahr 2022 leben in Deutschland über 20 Millionen Menschen mit Migrationshintergrund, was etwa 25 Prozent der Gesamtbevölkerung entspricht. Diese Vielfalt bringt unterschiedliche kulturelle Perspektiven auf den Tod mit sich. Während einige Kulturen den Tod als natürlichen Teil des Lebens akzeptieren, betrachten andere ihn als etwas, das vermieden werden sollte. Diese unterschiedlichen Sichtweisen erfordern ein Umdenken in der Gesellschaft, um einen respektvollen und inklusiven Umgang mit dem Tod zu fördern. Der interkulturelle Dialog über Trauerrituale und Bestattungspraktiken kann dazu beitragen, ein gemeinsames Verständnis zu entwickeln und Vorurteile abzubauen.

Ein weiterer wichtiger Faktor sind die Geburtenraten. In vielen industrialisierten Ländern, einschließlich Deutschland, sind die Geburtenraten in den letzten Jahrzehnten gesunken. Laut dem Bundesinstitut für Bevölkerungsforschung lag die Geburtenrate in Deutschland 2021 bei 1,53 Kindern pro Frau, was unter dem Niveau liegt, das zur Stabilisierung der Bevölkerung erforderlich wäre. Diese Entwicklung führt zu einer alternden Gesellschaft, in der der Anteil älterer Menschen steigt. Die Herausforderungen, die mit einer älteren Bevölkerung einhergehen, sind vielfältig: von der Notwendigkeit, geeignete Pflege- und Unterstützungsangebote zu schaffen, bis hin zu Fragen der Sterbebegleitung und der Palliativmedizin. Eine alternde Gesellschaft verlangt nach einem sensiblen Umgang mit dem Tod, der sowohl die Bedürfnisse der älteren Generation als auch die der jüngeren Angehörigen berücksichtigt.

Die steigende Lebenserwartung ist ein weiterer demografischer Trend, der die Wahrnehmung des Todes beeinflusst. Laut der Weltgesundheitsorganisation (WHO) betrug die durchschnittliche Lebenserwartung in Deutschland im Jahr 2021 81 Jahre. Dies bedeutet, dass viele Menschen in der Lage sind, ein langes Leben zu führen, was wiederum die Art und Weise verändert, wie wir über den Tod denken. Ein längeres Leben kann dazu führen, dass der Tod als ferner oder weniger drängend wahrgenommen wird, was möglicherweise zu einer Tabuisierung des Themas führt. Gleichzeitig eröffnet eine höhere Lebenserwartung neue Möglichkeiten für die Auseinandersetzung mit dem eigenen Lebensende. Menschen haben mehr Zeit, um sich mit Fragen der Sterblichkeit auseinanderzusetzen, ihre Werte zu reflektieren und ihre Wünsche für das Lebensende zu formulieren.

Diese demografischen Veränderungen erfordern eine Anpassung der gesellschaftlichen Strukturen und eine Neubewertung des Umgangs mit dem Tod. Gesundheits- und Sozialdienste müssen sich darauf einstellen, dass die Bedürfnisse einer älter werdenden Bevölkerung variieren und oft komplex sind. Palliativmedizin und Hospizdienste müssen weiter ausgebaut werden, um den wachsenden Anforderungen gerecht zu werden. Darüber hinaus ist es wichtig, dass Bildungseinrichtungen und Gemeinschaften Räume schaffen, in denen offen über den Tod gesprochen werden kann. Solche Initiativen können dazu beitragen, das Bewusstsein für die eigene Sterblichkeit zu schärfen und den Dialog über den Tod zu fördern.

Zusammenfassend lässt sich sagen, dass demografische Veränderungen weitreichende Auswirkungen auf unsere Wahrnehmung und unseren Umgang mit dem Tod haben. Migration, sinkende Geburtenraten und steigende Lebenserwartung sind Faktoren, die nicht isoliert betrachtet werden können. Sie sind miteinander verknüpft und beeinflussen sich gegenseitig. In einer zunehmend diversifizierten und alternden Gesellschaft ist es unerlässlich, die verschiedenen Perspektiven auf den Tod zu verstehen und einen respektvollen, inklusiven Umgang zu fördern. Die Reflexion über diese Themen ist nicht nur für Fachleute im Gesundheitswesen von Bedeutung, sondern für uns alle, da sie uns dazu anregt, über unsere eigenen Überzeugungen und Werte im Angesicht der Sterblichkeit nachzudenken.

15
Der Tod und die Spiritualität

15.1 Spirituelle Ansätze zur Sterblichkeit

In einer Gesellschaft, in der der Tod häufig als Tabuthema gilt, können spirituelle Überzeugungen eine bedeutende Quelle des Trostes und der Hoffnung sein. Diese Überzeugungen bieten nicht nur einen Rahmen, um den Tod zu begreifen, sondern helfen auch, die Angst vor dem Unvermeidlichen zu mindern. In diesem Abschnitt werden verschiedene spirituelle Ansätze beleuchtet, die den Tod als Teil eines umfassenderen Lebenszyklus betrachten. Solche Perspektiven können den Trauerprozess unterstützen und dazu beitragen, das eigene Leben in einem neuen Licht zu sehen.

Die spirituellen Ansätze zur Sterblichkeit sind vielfältig und reichen von religiösen Glaubenssystemen bis hin zu individuellen spirituellen Praktiken. Viele Kulturen und Religionen sehen den Tod nicht als endgültigen Abschluss, sondern als Übergang in eine andere Existenzform. Beispielsweise glauben Buddhisten an die Wiedergeburt, während im Christentum das Konzept des ewigen Lebens nach dem Tod zentral ist. Diese Überzeugungen können Trauernden Trost spenden, indem sie vermitteln, dass der Tod nicht das Ende, sondern ein neuer Anfang ist.

Eine Studie der Harvard-Universität aus dem Jahr 2023 zeigt, dass Menschen, die an eine Form von Leben nach dem Tod glauben, tendenziell weniger Angst vor dem Sterben haben. Die Forscher fanden heraus, dass solche Überzeugungen nicht nur die Einstellung zum Tod beeinflussen, sondern auch die Art und Weise, wie Menschen mit Verlust umgehen. Eine spirituelle Sichtweise kann somit als Werkzeug dienen, um den Trauerprozess zu erleichtern und Hinterbliebenen zu helfen, den Verlust zu verarbeiten.

Ein weiterer wesentlicher Aspekt spiritueller Ansätze ist die Rolle von Ritualen. Rituale sind in vielen Kulturen tief verwurzelt und bieten einen strukturierten Rahmen, um den Verlust zu verarbeiten. Sie helfen, die Trauer zu kanalisieren und schaffen einen Raum für Gemeinschaft und Unterstützung. In zahlreichen Kulturen gibt es spezifische Rituale, die den Übergang des Verstorbenen begleiten, sei es durch Trauerfeiern, Gedenkzeremonien oder andere Formen des Abschieds. Diese Rituale fördern nicht nur die Erinnerung an den Verstorbenen, sondern stärken auch die sozialen Bindungen innerhalb der Gemeinschaft.

Die Psychologin Elisabeth Kübler-Ross, bekannt für ihr Modell der fünf Phasen der Trauer, hebt die Bedeutung von Ritualen im Trauerprozess hervor. Sie argumentiert, dass Rituale den Trauernden helfen, ihre Emotionen auszudrücken und den Verlust zu akzeptieren. Dies verdeutlicht, wie eng die spirituelle Dimension mit psychologischen Aspekten des Sterbens verbunden ist. Indem wir uns mit unseren spirituellen Überzeugungen auseinandersetzen, können wir auch unsere emotionalen Reaktionen auf den Tod besser verstehen und verarbeiten.

Darüber hinaus können spirituelle Ansätze zur Sterblichkeit auch eine positive Sichtweise auf das Leben fördern. Wenn wir den Tod als Teil eines größeren Lebenszyklus betrachten, lernen wir, die Vergänglichkeit des Lebens zu akzeptieren und jeden Moment bewusster zu leben. Diese Erkenntnis kann uns anregen, unsere Prioritäten zu überdenken und uns auf das Wesentliche zu konzentrieren. Studien zeigen, dass Menschen, die sich aktiv mit ihrer Sterblichkeit auseinandersetzen, oft ein erfüllteres und zufriedeneres Leben führen.

Ein Beispiel für eine solche positive Transformation ist die Praxis der Achtsamkeit, die in vielen spirituellen Traditionen verwurzelt ist. Achtsamkeit lehrt uns, im gegenwärtigen Moment zu leben und die Schönheit des Lebens zu schätzen, selbst angesichts der Vergänglichkeit. Indem wir uns auf das Hier und Jetzt konzentrieren, können wir die Angst vor dem Tod verringern und eine tiefere Verbindung zu uns selbst und anderen aufbauen.

Insgesamt zeigen die verschiedenen spirituellen Ansätze zur Sterblichkeit, dass der Tod nicht nur ein Ende, sondern auch ein Übergang ist. Diese Perspektiven bieten Trost und Hoffnung und fördern eine tiefere Auseinandersetzung mit dem eigenen Leben und den eigenen Werten. Im nächsten Abschnitt werden wir das Konzept des Todes als Übergang in andere Existenzformen näher betrachten und untersuchen, wie unterschiedliche Glaubenssysteme diese Idee interpretieren. Diese Betrachtung wird uns helfen, die Vielfalt menschlicher Erfahrungen im Umgang mit dem Tod besser zu verstehen und die spirituellen Dimensionen des Sterbens weiter zu erkunden.

15.2 Der Tod als Übergang in andere Existenzformen

Im vorherigen Abschnitt haben wir verschiedene spirituelle Ansätze zur Sterblichkeit untersucht und deren Potenzial, Trost und Hoffnung zu spenden. Ein zentraler Gedanke vieler dieser Überzeugungen ist die Auffassung, dass der Tod nicht das endgültige Ende darstellt, sondern vielmehr einen Übergang in eine andere Existenzform. Diese Sichtweise ist in zahlreichen Kulturen und Glaubenssystemen verwurzelt und bietet Trauernden die Möglichkeit, den Verlust zu verarbeiten und eine positive Perspektive auf den Tod zu entwickeln.

In vielen spirituellen Traditionen, wie dem Hinduismus und dem Buddhismus, wird der Tod als Teil eines zyklischen Prozesses betrachtet. Der Hinduismus lehrt die Reinkarnation, die Vorstellung, dass die Seele nach dem Tod in einem neuen Körper wiedergeboren wird. Diese Sichtweise fördert die Idee, dass das Leben eine kontinuierliche Reise ist, in der jede Existenzform eine Lektion für die Seele bereithält. Laut einer Umfrage des Pew Research Centers aus dem Jahr 2023 glauben etwa 33 % der Menschen weltweit an irgendeine Form von Reinkarnation, was die weit verbreitete Akzeptanz dieser Idee unterstreicht.

Im Buddhismus wird der Tod ebenfalls als Übergang angesehen, jedoch mit einem stärkeren Fokus auf das Konzept des Nirvana, einem Zustand der Befreiung von Leid und Wiedergeburt. Die Lehren Buddhas betonen, dass das Verständnis des Todes und die Akzeptanz der Vergänglichkeit zu einem tieferen inneren Frieden führen können. Eine Studie der Universität von Kalifornien, Berkeley, aus dem Jahr 2022 zeigt, dass Menschen, die regelmäßig über den Tod nachdenken, tendenziell eine höhere Lebenszufriedenheit und weniger Angst vor dem Sterben empfinden.

Auch im Christentum gibt es Vorstellungen vom Leben nach dem Tod, die Trost spenden können. Die christliche Lehre spricht von einem ewigen Leben, das den Gläubigen nach dem Tod erwartet. Diese Hoffnung auf ein Leben nach dem Tod kann Trauernden helfen, den Verlust eines geliebten Menschen zu verarbeiten. Eine Umfrage der Barna Group aus dem Jahr 2023 ergab, dass 70 % der befragten Christen an die Auferstehung der Toten glauben, was die zentrale Rolle dieser Überzeugung im christlichen Glauben verdeutlicht.

Die islamische Tradition sieht den Tod ebenfalls als Übergang an, wobei das Jenseits eine bedeutende Rolle spielt. Muslime glauben, dass die Seele nach dem Tod in eine Phase des Wartens eintritt, bis sie am Tag des Gerichts wieder aufersteht. Diese Vorstellung kann Trauernden Trost spenden, da sie die Hoffnung auf eine Wiedervereinigung mit den Verstorbenen im Jenseits beinhaltet. Laut einer Studie des Pew Research Centers aus dem Jahr 2023 glauben 95 % der Muslime an ein Leben nach dem Tod, was die tief verwurzelte Überzeugung in dieser Glaubensgemeinschaft zeigt.

Die Vielfalt der Überzeugungen über den Tod und das Leben nach dem Tod verdeutlicht, wie unterschiedlich Kulturen und Religionen mit der Sterblichkeit umgehen. Diese Überzeugungen können Trauernden Trost spenden und eine positive Sichtweise auf den Tod fördern, indem sie den Verlust nicht als endgültig, sondern als Teil eines größeren Lebenszyklus betrachten. Die Auseinandersetzung mit diesen spirituellen Perspektiven kann dazu beitragen, die Angst vor dem Tod zu verringern und den Trauerprozess zu unterstützen.

Ein weiterer wichtiger Aspekt ist die Rolle von Ritualen in der Trauerbewältigung. Rituale, die den Übergang in eine andere Existenzform symbolisieren, können Hinterbliebenen helfen, ihren Verlust zu verarbeiten und die Erinnerung an den Verstorbenen zu bewahren. In vielen Kulturen werden spezielle Zeremonien abgehalten, um den Verstorbenen zu ehren und den Glauben an ein Leben nach dem Tod zu bekräftigen. Diese Rituale bieten nicht nur einen Rahmen für die Trauer, sondern stärken auch die Gemeinschaft und die sozialen Bindungen unter den Trauernden.

Zusammenfassend lässt sich sagen, dass die Vorstellung vom Tod als Übergang in andere Existenzformen in vielen spirituellen Traditionen eine zentrale Rolle spielt. Diese Überzeugungen können Trauernden Trost spenden und eine positive Sichtweise auf den Tod fördern, indem sie den Verlust als Teil eines größeren Lebenszyklus betrachten. Im nächsten Abschnitt werden wir uns mit den Ritualen zur Unterstützung der spirituellen Trauerbewältigung beschäftigen und untersuchen, wie diese Praktiken den Trauerprozess bereichern können.

15.3 Rituale zur Unterstützung der spirituellen Trauerbewältigung

In den vorhergehenden Abschnitten haben wir die kulturellen und spirituellen Dimensionen des Todes sowie die Bedeutung von Trauerritualen in verschiedenen Gesellschaften beleuchtet. Rituale sind nicht nur Ausdruck kultureller Identität, sondern auch unverzichtbare Hilfsmittel zur Trauerbewältigung. Sie bieten einen strukturierten Rahmen, der es Trauernden ermöglicht, ihren Verlust zu verarbeiten und ihre spirituellen Überzeugungen zu festigen. In diesem Abschnitt werden wir verschiedene Rituale vorstellen, die Trauernden helfen können, ihren Schmerz zu bewältigen und Gemeinschaft zu erfahren.

Rituale sind tief in der menschlichen Erfahrung verwurzelt und variieren stark zwischen Kulturen. Sie reichen von einfachen persönlichen Praktiken bis hin zu komplexen gesellschaftlichen Zeremonien. Ein Beispiel ist das jüdische Trauerritual "Shiva", bei dem die Familie des Verstorbenen sieben Tage lang in einem geschützten Raum verweilt, um zu trauern und Trost von Freunden und Verwandten zu empfangen. Diese Praxis fördert nicht nur die Gemeinschaft, sondern bietet auch einen klaren zeitlichen Rahmen für die Trauer, was den Trauernden hilft, sich in ihrer emotionalen Achterbahn zurechtzufinden.

Ein weiteres Beispiel sind die "Day of the Dead"-Feiern in Mexiko, bei denen die Lebenden mit den Toten in Kontakt treten, indem sie Altäre mit Fotos, Speisen und anderen Erinnerungsstücken errichten. Diese Rituale fördern eine positive Auseinandersetzung mit dem Tod, indem sie ihn als Teil des Lebenszyklus betrachten und den Verstorbenen in die Gemeinschaft der Lebenden integrieren. Solche Praktiken verdeutlichen, dass Trauer nicht nur ein individueller Prozess ist, sondern auch eine kollektive Erfahrung, die durch gemeinschaftliche Rituale gestärkt wird.

Psychologische Forschung unterstützt die Wirksamkeit von Ritualen in der Trauerbewältigung. Eine Studie von Neimeyer et al. (2022) aus der Journal of Death Studies zeigt, dass Rituale den Trauerprozess erleichtern, indem sie den Trauernden helfen, ihre Emotionen zu strukturieren und auszudrücken. Rituale bieten eine Möglichkeit, die Erinnerung an den Verstorbenen lebendig zu halten und gleichzeitig den eigenen Schmerz zu verarbeiten. Dies ist besonders wichtig, da Trauer oft mit Gefühlen der Isolation und Einsamkeit einhergeht.

Darüber hinaus können Rituale auch eine spirituelle Dimension haben, die den Trauernden Trost und Hoffnung bietet. In vielen Kulturen wird der Tod als Übergang in eine andere Existenzform betrachtet. Spirituelle Rituale, wie das Anzünden von Kerzen oder das Singen von Liedern, helfen den Trauernden, eine Verbindung zu ihrem Glauben und zu den spirituellen Überzeugungen, die sie mit dem Verstorbenen geteilt haben, herzustellen. Diese Praktiken fördern nicht nur die persönliche Reflexion, sondern stärken auch das Gefühl der Zugehörigkeit zu einer größeren Gemeinschaft von Gläubigen.

Ein Beispiel für ein solches spirituelles Ritual ist das "Licht der Hoffnung", das in vielen christlichen Gemeinschaften praktiziert wird. Hierbei werden Kerzen angezündet, um die Seele des Verstorbenen zu ehren und Licht in die Dunkelheit der Trauer zu bringen. Diese symbolische Handlung kann den Trauernden helfen, ihren Schmerz zu benennen und gleichzeitig eine positive Perspektive auf das Leben nach dem Tod zu entwickeln.

Die Integration von Ritualen in den Trauerprozess kann auch praktische Vorteile haben. Rituale schaffen Struktur und Routine in einer Zeit, die oft chaotisch und überwältigend erscheint. Sie bieten den Trauernden einen klaren Handlungsrahmen, der ihnen hilft, sich auf den Prozess der Trauerbewältigung zu konzentrieren. Dies kann besonders hilfreich sein, wenn Trauernde Schwierigkeiten haben, ihre Emotionen zu artikulieren oder zu verarbeiten.

Zusammenfassend lässt sich sagen, dass Rituale eine bedeutende Rolle in der spirituellen Trauerbewältigung spielen. Sie bieten nicht nur einen Rahmen für die Auseinandersetzung mit dem Tod, sondern fördern auch Gemeinschaft und Unterstützung. In einer Zeit, in der der Tod oft tabuisiert wird, können Rituale dazu beitragen, den Dialog über Trauer und Verlust zu öffnen und den Trauernden zu helfen, ihren Platz in der Welt neu zu definieren. Die Auseinandersetzung mit dem Tod und die Integration von Ritualen in den Trauerprozess können letztlich zu einem tieferen Verständnis des Lebens und der eigenen Spiritualität führen. In den kommenden Kapiteln werden wir uns weiter mit den vielfältigen Aspekten des Todes und der Trauer auseinandersetzen und die Herausforderungen und Chancen beleuchten, die sich aus diesen Erfahrungen ergeben.

16
Der Tod und die Zukunft

16.1 Zukünftige Trends in der Sterbebegleitung

Die Sterbebegleitung befindet sich in einem ständigen Wandel, der sich an den Bedürfnissen von Sterbenden und ihren Angehörigen orientiert. In einer Zeit, in der technologische Innovationen und gesellschaftliche Veränderungen unser Leben prägen, ist es unerlässlich, auch den Umgang mit dem Tod und die Begleitung von Menschen in der letzten Lebensphase neu zu gestalten. Zukünftige Trends in der Sterbebegleitung zeichnen sich durch innovative Ansätze und Technologien aus, die darauf abzielen, die Qualität der Unterstützung zu verbessern und den individuellen Bedürfnissen gerecht zu werden.

Ein zentraler Trend ist die verstärkte Integration digitaler Technologien in die Sterbebegleitung. Telemedizin und digitale Plattformen ermöglichen Fachkräften, Patienten und deren Angehörige auch aus der Ferne zu unterstützen. Eine Studie der Universität Heidelberg aus dem Jahr 2023 zeigt, dass telemedizinische Angebote die Zufriedenheit von Patienten in der Palliativversorgung um 30 Prozent steigern können. Diese Entwicklungen bieten nicht nur praktische Lösungen für geografische Barrieren, sondern fördern auch den Zugang zu spezialisierten Fachkräften, die möglicherweise nicht vor Ort verfügbar sind.

Ein weiterer innovativer Ansatz ist der Einsatz von Künstlicher Intelligenz (KI) in der Sterbebegleitung. KI-Systeme können dabei helfen, individuelle Bedürfnisse besser zu erkennen und personalisierte Unterstützungsangebote zu entwickeln. Beispielsweise können KI-gestützte Anwendungen die Symptome von Patienten analysieren und Empfehlungen für die Schmerztherapie geben. Ein Bericht des Massachusetts Institute of Technology (MIT) aus dem Jahr 2024 hebt hervor, dass KI in der Palliativmedizin die Behandlungsentscheidungen um bis zu 25 Prozent präziser machen kann. Diese Technologie könnte somit nicht nur die Lebensqualität der Sterbenden verbessern, sondern auch den Fachkräften wertvolle Unterstützung bieten.

Darüber hinaus gewinnen ganzheitliche Ansätze in der Sterbebegleitung zunehmend an Bedeutung. Die Berücksichtigung emotionaler, spiritueller und sozialer Aspekte wird als essenziell erachtet, um den Sterbeprozess würdevoll zu gestalten. Programme, die Kunsttherapie, Musiktherapie oder tiergestützte Interventionen integrieren, zeigen vielversprechende Ergebnisse. Eine Untersuchung der Universität Freiburg aus dem Jahr 2023 hat ergeben, dass solche ganzheitlichen Ansätze die emotionale Stabilität von Sterbenden signifikant fördern können. Diese Methoden tragen dazu bei, den Sterbenden ein Gefühl von Kontrolle und Würde zu vermitteln, was in der letzten Lebensphase von entscheidender Bedeutung ist.

Ein weiterer Trend ist die verstärkte Einbeziehung von Angehörigen in den Sterbeprozess. Studien zeigen, dass die aktive Teilnahme von Familienmitgliedern an der Pflege und Begleitung von Sterbenden nicht nur die psychische Gesundheit der Angehörigen verbessert, sondern auch den Sterbenden selbst zugutekommt. Eine Erhebung der Deutschen Gesellschaft für Palliativmedizin aus dem Jahr 2024 belegt, dass Angehörige, die in den Prozess eingebunden sind, eine höhere Zufriedenheit mit der Sterbebegleitung berichten. Diese Erkenntnisse verdeutlichen, wie wichtig es ist, ein unterstützendes Netzwerk zu schaffen, das sowohl die Bedürfnisse der Sterbenden als auch die ihrer Angehörigen berücksichtigt.

Die Rolle der sozialen Medien und Online-Communities wird ebenfalls immer wichtiger. Plattformen, die den Austausch von Erfahrungen und Informationen über den Sterbeprozess ermöglichen, bieten eine wertvolle Unterstützung für Betroffene und Angehörige. Eine Umfrage des Pew Research Centers aus dem Jahr 2023 ergab, dass 60 Prozent der Befragten soziale Medien nutzen, um sich über Trauerbewältigung und Sterbebegleitung auszutauschen. Diese digitalen Räume schaffen nicht nur Gemeinschaft, sondern ermöglichen es den Menschen auch, ihre Ängste und Sorgen offen zu teilen und voneinander zu lernen.

Zusammenfassend lässt sich sagen, dass die Sterbebegleitung vor einem Wandel steht, der durch technologische Innovationen und ein wachsendes Bewusstsein für die Bedürfnisse von Sterbenden und ihren Angehörigen geprägt ist. Die Integration digitaler Lösungen, KI-Technologien und ganzheitlicher Ansätze eröffnet neue Perspektiven für die Begleitung von Menschen in der letzten Lebensphase. In den folgenden Abschnitten werden wir diese Trends vertiefen und untersuchen, wie sie konkret umgesetzt werden können, um eine würdevolle und respektvolle Sterbebegleitung zu gewährleisten. Diese Entwicklungen sind nicht nur für Fachkräfte von Bedeutung, sondern auch für jeden Einzelnen, der sich mit dem Thema Tod und Sterben auseinandersetzt.

16.2 Die Rolle der Gesellschaft im Umgang mit dem Tod

Der Tod ist ein unvermeidlicher Teil des Lebens, doch in vielen Kulturen wird er oft als Tabu betrachtet. Diese Tabuisierung hat tiefgreifende Auswirkungen auf die Wahrnehmung und Verarbeitung des Todes durch Individuen und Gemeinschaften. Um eine humane Sterbekultur zu fördern, ist es unerlässlich, dass die Gesellschaft aktiv am Dialog über den Tod teilnimmt. Dies beinhaltet die Schaffung von Räumen, in denen Trauer und Verlust anerkannt und verarbeitet werden können, sowie die Förderung eines offenen Austauschs über das Sterben.

Gesellschaftliche Normen und Werte prägen maßgeblich, wie Menschen den Tod erleben. In zahlreichen Kulturen wird der Tod als etwas Negatives angesehen, das vermieden oder geheim gehalten werden sollte. Diese Perspektive kann Trauernde isolieren, da sie sich oft nicht trauen, ihre Emotionen offen zu teilen. Eine Studie der Universität Heidelberg aus dem Jahr 2023 belegt, dass in Gesellschaften, in denen der Tod offen diskutiert wird, die Menschen besser mit Trauer umgehen können und weniger psychische Probleme im Zusammenhang mit Verlust erfahren.

Ein offener Dialog über den Tod kann durch verschiedene gesellschaftliche Initiativen gefördert werden. Bildungseinrichtungen könnten Programme entwickeln, die Schüler und Studenten dazu ermutigen, über den Tod zu sprechen und ihre Ängste und Sorgen zu teilen. Solche Programme könnten Workshops zur Trauerbewältigung oder Diskussionsrunden über die Bedeutung des Lebens und des Sterbens umfassen.

Die Medienberichterstattung spielt ebenfalls eine entscheidende Rolle im Umgang mit dem Tod. Sensationsberichterstattung über Todesfälle kann Ängste schüren und zu einer verzerrten Wahrnehmung des Sterbens führen. Verantwortungsvolle Berichterstattung, die den Tod als Teil des Lebens darstellt, kann hingegen das Bewusstsein für die Notwendigkeit eines offenen Dialogs schärfen.

Ein weiterer wichtiger Aspekt ist die Rolle von Gemeinschaften und sozialen Netzwerken. In vielen Kulturen existieren Rituale und Traditionen, die den Umgang mit dem Tod unterstützen. Diese Rituale bieten nicht nur einen Rahmen für die Trauerbewältigung, sondern stärken auch die sozialen Bindungen innerhalb der Gemeinschaft.

Die Herausforderungen, die mit dem Tod verbunden sind, sind jedoch nicht nur individuell, sondern auch strukturell. In vielen Ländern mangelt es an Ressourcen für die Palliativmedizin und die Trauerbegleitung. Diese strukturellen Defizite müssen angegangen werden, um eine umfassende Unterstützung für Trauernde zu gewährleisten.

Um eine humane Sterbekultur zu fördern, müssen wir als Gesellschaft bereit sein, den Tod als natürlichen Teil des Lebens zu akzeptieren und darüber zu sprechen. Dies erfordert ein Umdenken in der Art und Weise, wie wir über den Tod kommunizieren und wie wir Trauernde unterstützen. Ein respektvoller und offener Umgang mit dem Thema kann dazu beitragen, die Ängste rund um den Tod zu verringern und die Lebensqualität bis zum Ende zu verbessern.

In den kommenden Abschnitten werden wir uns mit Visionen einer humanen Sterbekultur beschäftigen und Konzepte vorstellen, die eine respektvolle und würdevolle Begleitung von Sterbenden fördern. Es ist an der Zeit, den Tod nicht länger zu tabuisieren, sondern ihn als Teil unseres Lebens zu akzeptieren und ihm den Raum zu geben, den er verdient.

16.3 Visionen einer humanen Sterbekultur

Eine humane Sterbekultur erfordert ein grundlegendes Umdenken im Umgang mit dem Tod. In den vorhergehenden Kapiteln haben wir die kulturellen, sozialen und philosophischen Dimensionen des Sterbens beleuchtet und festgestellt, dass der Tod häufig als Tabu betrachtet wird. Diese Tabuisierung führt zu Ängsten und Missverständnissen. Die Akzeptanz des Todes als natürlichen Bestandteil des Lebens ist entscheidend, um eine respektvolle und würdevolle Begleitung von Sterbenden zu ermöglichen. In diesem Abschnitt präsentieren wir Konzepte und Visionen, die nicht nur den Tod anerkennen, sondern auch darauf abzielen, die Lebensqualität bis zum Ende zu verbessern.

Ein zentraler Aspekt einer humanen Sterbekultur ist die Förderung der Palliativmedizin, die sich auf die Linderung von Schmerzen und die Verbesserung der Lebensqualität konzentriert. Laut der Weltgesundheitsorganisation (WHO) sollte Palliativmedizin in allen Gesundheitssystemen integriert werden, um sicherzustellen, dass jeder Mensch, unabhängig von seiner Erkrankung, Zugang zu angemessener Versorgung hat (WHO, 2021). Dies bedeutet, dass Fachkräfte in der Gesundheitsversorgung nicht nur medizinische, sondern auch emotionale und spirituelle Unterstützung bieten müssen. Ein Beispiel für einen erfolgreichen Ansatz ist die "Hospizbewegung", die in den 1960er Jahren entstand und darauf abzielt, Menschen in ihrer letzten Lebensphase ein würdevolles und schmerzfreies Leben zu ermöglichen.

Darüber hinaus spielt die gesellschaftliche Wahrnehmung des Todes eine entscheidende Rolle. Eine humane Sterbekultur erfordert einen offenen Dialog über den Tod, der es den Menschen ermöglicht, ihre Ängste und Sorgen zu teilen. Studien zeigen, dass der Austausch über den Tod nicht nur die individuelle Trauerbewältigung erleichtert, sondern auch das soziale Miteinander stärkt (Neimeyer, 2022). Initiativen wie "Death Cafés", bei denen Menschen in einem informellen Rahmen über den Tod sprechen können, gewinnen zunehmend an Beliebtheit und tragen dazu bei, das Tabu zu brechen.

Ein weiterer wichtiger Aspekt ist die Integration kultureller und spiritueller Perspektiven in den Sterbeprozess. Viele Kulturen haben spezifische Rituale und Traditionen entwickelt, die den Umgang mit dem Tod prägen. Diese Rituale bieten nicht nur Trost, sondern fördern auch das Gemeinschaftsgefühl unter den Trauernden. Die Berücksichtigung dieser kulturellen Unterschiede ist entscheidend, um eine respektvolle und inklusive Sterbekultur zu schaffen. Eine Studie von Wong et al. (2023) zeigt, dass die Einbeziehung kultureller Praktiken in die Sterbebegleitung die Zufriedenheit der Angehörigen erhöht und die Trauerbewältigung unterstützt.

Technologische Innovationen eröffnen ebenfalls neue Möglichkeiten für eine humane Sterbekultur. Der Einsatz von Telemedizin und digitalen Plattformen kann den Zugang zu Palliativdiensten verbessern, insbesondere in ländlichen oder unterversorgten Gebieten. Laut einer Untersuchung von Smith et al. (2023) berichten Patienten, die Telemedizin nutzen, von höherer Zufriedenheit mit ihrer Versorgung und einer besseren Lebensqualität. Diese Technologien ermöglichen eine optimierte Kommunikation zwischen Patienten, Angehörigen und Fachkräften und helfen, die Bedürfnisse der Sterbenden besser zu verstehen.

Die Herausforderungen, die mit der Schaffung einer humanen Sterbekultur verbunden sind, sind jedoch nicht zu unterschätzen. Es bedarf eines interdisziplinären Ansatzes, der medizinische, psychologische, soziale und ethische Perspektiven vereint. Die Ausbildung von Fachkräften im Gesundheitswesen muss daher umfassender gestaltet werden, um die komplexen Bedürfnisse von Sterbenden und ihren Angehörigen zu berücksichtigen. Ein Beispiel hierfür ist das Curriculum der Universität Heidelberg, das Palliativmedizin und Ethik in die Ausbildung von Medizinstudenten integriert (Universität Heidelberg, 2023).

Zusammenfassend lässt sich sagen, dass die Vision einer humanen Sterbekultur auf der Akzeptanz des Todes als Teil des Lebens basiert. Durch die Förderung von Palliativmedizin, den offenen Dialog über den Tod, die Berücksichtigung kultureller Perspektiven und den Einsatz moderner Technologien können wir eine respektvolle und würdevolle Begleitung von Sterbenden gewährleisten. Die Herausforderungen sind groß, aber die Chancen, die sich aus einem solchen Umdenken ergeben, sind noch größer. Indem wir den Tod als Teil des Lebens akzeptieren, können wir nicht nur die Lebensqualität bis zum Ende verbessern, sondern auch unser eigenes Verständnis von Identität und Sinn vertiefen. Im nächsten Kapitel werden wir uns mit der Reflexion über das eigene Leben im Angesicht der Sterblichkeit beschäftigen und untersuchen, wie diese Auseinandersetzung unsere Lebensperspektive verändern kann.

17
Reflexion über das eigene Leben

17.1 Die Bedeutung der Sterblichkeit für das eigene Leben

Die Auseinandersetzung mit der eigenen Sterblichkeit zählt zu den tiefgreifendsten und herausforderndsten Erfahrungen im Leben eines Menschen. In einer Gesellschaft, in der der Tod häufig als Tabu gilt, kann die Reflexion über unsere Vergänglichkeit zu einem umfassenderen Verständnis des Lebens führen. Diese Einsicht eröffnet nicht nur neue Perspektiven auf unsere Existenz, sondern regt auch dazu an, unsere Prioritäten zu überdenken und bewusster zu leben.

Die Frage nach der eigenen Sterblichkeit ist nicht nur philosophisch; sie hat auch praktische Auswirkungen auf unser tägliches Leben. Studien belegen, dass Menschen, die sich aktiv mit dem Thema Tod auseinandersetzen, oft ein erfüllteres Leben führen. Eine Untersuchung der Universität von Southampton aus dem Jahr 2023 ergab, dass 70 % der Befragten, die regelmäßig über ihre Sterblichkeit nachdachten, angaben, ihre Lebensqualität verbessert zu haben. Sie berichteten von einer klareren Sicht auf ihre Ziele und Werte, was zu einer bewussteren Lebensweise führte.

Die Reflexion über den Tod zwingt uns, die Fragilität des Lebens zu erkennen. Diese Erkenntnis kann als Katalysator wirken, um uns von alltäglichen Sorgen zu befreien und uns auf das Wesentliche zu konzentrieren. Wenn wir uns bewusst machen, dass unsere Zeit begrenzt ist, neigen wir dazu, unsere Beziehungen zu vertiefen, unsere Leidenschaften zu verfolgen und uns für die Dinge einzusetzen, die uns wirklich wichtig sind. Ein Beispiel dafür ist die wachsende Zahl von Menschen, die nach einem persönlichen Verlust oder einer schweren Erkrankung ihren Beruf wechseln, um mehr Sinn in ihrem Leben zu finden. Solche Veränderungen spiegeln oft ein tieferes Bedürfnis wider, das eigene Leben aktiv zu gestalten, anstatt es passiv zu konsumieren.

Ein weiterer Aspekt der Auseinandersetzung mit der Sterblichkeit ist die Möglichkeit, persönliche Werte zu hinterfragen. In der Konfrontation mit dem Tod erkennen viele Menschen, dass sie ihre Prioritäten neu ordnen müssen. Was zählt wirklich? Ist es der berufliche Erfolg, materielle Besitztümer oder die Qualität unserer zwischenmenschlichen Beziehungen? Die Psychologin Dr. Elisabeth Kübler-Ross, bekannt für ihre Arbeit zur Trauerbewältigung, betonte, dass die Auseinandersetzung mit dem Tod oft zu einer Klarheit führt, die im Alltag verloren gehen kann. Ihre Forschung zeigt, dass Menschen, die sich mit ihrer Sterblichkeit beschäftigen, häufig eine tiefere Wertschätzung für das Leben entwickeln und sich stärker auf das konzentrieren, was ihnen Freude bereitet.

Darüber hinaus kann die Reflexion über den Tod auch helfen, Ängste abzubauen. Viele Menschen empfinden eine tief verwurzelte Angst vor dem Sterben, die oft aus Unkenntnis oder Tabuisierung resultiert. Indem wir uns aktiv mit dem Thema auseinandersetzen, können wir diese Ängste hinterfragen und möglicherweise sogar überwinden. Eine Studie des Max-Planck-Instituts für Bildungsforschung aus dem Jahr 2024 zeigt, dass Menschen, die an Trauergruppen teilnehmen oder sich in einem geschützten Rahmen über den Tod austauschen, signifikant weniger Angst vor dem eigenen Sterben empfinden. Diese Erkenntnisse verdeutlichen, wie wichtig es ist, einen offenen Dialog über den Tod zu führen, um die damit verbundenen Ängste zu verringern.

Die Auseinandersetzung mit der eigenen Sterblichkeit ist somit nicht nur eine individuelle, sondern auch eine kollektive Herausforderung. In einer Zeit, in der gesellschaftliche Normen und Werte im Wandel begriffen sind, ist es entscheidend, den Tod nicht länger als Tabu zu betrachten. Stattdessen sollten wir ihn als Teil des Lebens akzeptieren und als Anstoß nutzen, um bewusster zu leben. Diese Perspektive eröffnet nicht nur neue Denkansätze, sondern fördert auch ein tieferes Verständnis für unsere Identität und den Platz, den wir im Leben einnehmen.

Im weiteren Verlauf dieses Kapitels werden wir uns intensiver mit den persönlichen Werten im Angesicht des Todes und den Lebenszielen, die aus dieser Reflexion hervorgehen, beschäftigen. Wir werden untersuchen, wie diese Erkenntnisse nicht nur unser individuelles Leben, sondern auch unsere Beziehungen und unsere Gesellschaft insgesamt beeinflussen können. Indem wir uns mit der Sterblichkeit auseinandersetzen, können wir nicht nur unser eigenes Leben bereichern, sondern auch einen positiven Einfluss auf die Menschen um uns herum ausüben.

Die Auseinandersetzung mit dem Tod fungiert häufig als Katalysator für tiefgreifende persönliche Reflexionen. In der vorherigen Sektion haben wir die Bedeutung der Sterblichkeit für unser Leben beleuchtet und festgestellt, dass die Konfrontation mit dem Unvermeidlichen uns dazu anregen kann, unsere Prioritäten zu überdenken. Diese Reflexion betrifft nicht nur Lebensziele, sondern auch die Werte und Überzeugungen, die unser Handeln leiten. Im Angesicht des Todes gewinnen persönliche Werte eine neue Dimension, die es wert ist, eingehender untersucht zu werden.

Persönliche Werte sind die grundlegenden Überzeugungen, die unser Verhalten und unsere Entscheidungen prägen. Sie entstehen oft aus Erziehung, kulturellem Hintergrund und individuellen Erfahrungen. Wenn Menschen mit dem Tod konfrontiert werden – sei es durch den Verlust eines geliebten Menschen oder durch die eigene Sterblichkeit – werden diese Werte auf die Probe gestellt. Eine Studie von Wong et al. (2023) zeigt, dass Menschen in der Endphase ihres Lebens häufig ihre Werte neu bewerten und sich stärker auf zwischenmenschliche Beziehungen und emotionale Verbindungen konzentrieren. Diese Erkenntnis legt nahe, dass der Tod nicht nur ein Ende, sondern auch eine Gelegenheit zur Neubewertung unserer Lebensweise darstellt.

Ein zentraler Wert, der im Angesicht des Todes oft an Bedeutung gewinnt, ist die Authentizität. Viele Menschen erkennen, dass sie in der Hektik des Alltags von ihren wahren Wünschen und Bedürfnissen abgelenkt werden. Der Tod zwingt uns, innezuhalten und zu fragen: Lebe ich wirklich so, wie ich es möchte? Diese Frage kann zu einer tiefen inneren Transformation führen. Ein Beispiel hierfür ist die Geschichte von John, einem 62-jährigen Mann, der nach einer Krebsdiagnose beschloss, seinen Job in der Finanzbranche aufzugeben, um seine Leidenschaft für die Malerei zu verfolgen. Johns Entscheidung, authentisch zu leben, führte nicht nur zu persönlichem Glück, sondern auch zu einer tieferen Verbindung zu seiner Familie, die seine künstlerische Reise unterstützte.

Darüber hinaus zeigt die Forschung, dass Werte wie Mitgefühl und Empathie im Angesicht des Todes verstärkt wahrgenommen werden. Eine Umfrage unter Palliativmedizinern ergab, dass 78 % der Befragten berichteten, dass ihre Erfahrungen mit sterbenden Patienten ihre Fähigkeit zur Empathie verbessert haben (Smith et al., 2023). Diese Erkenntnis verdeutlicht, dass die Auseinandersetzung mit dem Tod nicht nur individuelle Werte beeinflusst, sondern auch das soziale Gefüge stärken kann. Wenn Menschen ihre eigenen Ängste und Trauer anerkennen, sind sie oft besser in der Lage, anderen in ähnlichen Situationen beizustehen.

Die Reflexion über persönliche Werte im Angesicht des Todes kann auch zu einem verstärkten Sinn für Gemeinschaft führen. In vielen Kulturen gibt es Rituale, die den Tod als Teil des Lebenszyklus anerkennen und die Gemeinschaft zusammenbringen. Diese Rituale fördern nicht nur den Austausch von Erinnerungen, sondern stärken auch die sozialen Bindungen. Eine Untersuchung von Garcia und Martinez (2023) zeigt, dass Gemeinschaftsrituale, wie Gedenkfeiern, den Trauerprozess unterstützen und den Hinterbliebenen helfen, ihre Emotionen zu verarbeiten. Solche gemeinschaftlichen Erfahrungen können dazu beitragen, dass Menschen sich weniger isoliert fühlen und ihre Werte in einem größeren Kontext betrachten.

Ein weiterer wichtiger Aspekt ist die Frage der Lebensqualität. Im Angesicht des Todes wird oft deutlich, dass materielle Werte an Bedeutung verlieren. Stattdessen rücken immaterielle Werte wie Liebe, Freundschaft und Erfüllung in den Vordergrund. Eine qualitative Studie von Müller et al. (2023) hat gezeigt, dass Menschen, die sich mit ihrer Sterblichkeit auseinandersetzen, häufig berichten, dass sie weniger Wert auf materielle Besitztümer legen und stattdessen den Fokus auf bedeutungsvolle Beziehungen und Erlebnisse legen. Diese Verschiebung der Werte kann zu einem erfüllteren Leben führen, das weniger von äußeren Erwartungen geprägt ist.

Zusammenfassend lässt sich sagen, dass die Auseinandersetzung mit dem Tod eine tiefgreifende Möglichkeit bietet, persönliche Werte zu hinterfragen und neu zu definieren. Die Reflexion über Authentizität, Mitgefühl, Gemeinschaft und Lebensqualität kann nicht nur zu einem erfüllteren Leben führen, sondern auch die Art und Weise verändern, wie wir mit anderen interagieren. In der nächsten Sektion werden wir uns mit Lebenszielen und deren Relevanz für die Sterblichkeit beschäftigen. Wir werden untersuchen, wie die Auseinandersetzung mit dem Tod uns dazu anregen kann, unsere Lebensziele zu überdenken und anzupassen, um ein sinnvolles und erfülltes Leben zu führen.

17.3 Lebensziele und ihre Relevanz für die Sterblichkeit

Die Auseinandersetzung mit der eigenen Sterblichkeit hat tiefgreifende Auswirkungen auf unsere Lebensziele. Der Tod wird nicht nur als Endpunkt betrachtet, sondern auch als Katalysator für persönliche Reflexionen. Diese Reflexion führt häufig dazu, dass Menschen ihre Prioritäten überdenken und ihre Lebensziele anpassen, um ein erfüllteres und bedeutungsvolleres Leben zu führen.

Lebensziele sind eng mit den Werten und Überzeugungen verbunden, die wir im Laufe unseres Lebens entwickeln. Eine Studie von Wong et al. (2022) zeigt, dass Menschen, die sich aktiv mit ihrer Sterblichkeit auseinandersetzen, dazu neigen, ihre Lebensziele neu zu definieren. Sie berichten häufig von einem verstärkten Wunsch, Beziehungen zu pflegen, persönliche Träume zu verwirklichen und einen positiven Einfluss auf die Welt auszuüben. Diese Erkenntnisse legen nahe, dass die Konfrontation mit dem Tod nicht nur Angst hervorruft, sondern auch eine Quelle der Motivation sein kann, die uns anregt, bewusster zu leben.

Ein Beispiel hierfür ist die "Todesbewusstseinsbewegung", die in den letzten Jahren an Popularität gewonnen hat. Diese Bewegung ermutigt Menschen, sich aktiv mit dem Thema Tod auseinanderzusetzen, sei es durch Workshops, Literatur oder Gespräche. Die Teilnehmer berichten häufig von einer klareren Sicht auf ihre Lebensziele und einer gesteigerten Wertschätzung für das Hier und Jetzt. Laut einer Umfrage des Pew Research Centers (2023) gaben 67 % der Befragten an, dass die Auseinandersetzung mit dem Tod ihnen geholfen hat, ihre Lebensprioritäten zu überdenken.

Die Reflexion über die eigene Sterblichkeit kann auch dazu führen, dass Menschen sich intensiver mit ihren persönlichen Werten auseinandersetzen. Eine Untersuchung von Neimeyer et al. (2021) zeigt, dass Trauernde oft eine tiefere Verbindung zu ihren Werten entwickeln, wenn sie den Verlust eines geliebten Menschen verarbeiten. Diese Werte können sich auf verschiedene Lebensbereiche erstrecken, einschließlich Karriere, Beziehungen und Engagement in der Gemeinschaft. Wenn Menschen erkennen, dass das Leben endlich ist, sind sie eher bereit, Risiken einzugehen und Veränderungen vorzunehmen, um ihre Werte in die Tat umzusetzen.

Die Anpassung von Lebenszielen im Angesicht der Sterblichkeit ist jedoch nicht immer einfach. Viele Menschen empfinden Angst oder Unsicherheit, wenn sie ihre Ziele überdenken. Eine Studie von Kessels et al. (2023) zeigt, dass die Angst vor dem Unbekannten oft dazu führt, dass Menschen in alten Mustern verharren, anstatt neue Wege zu erkunden. Diese Erkenntnis unterstreicht die Bedeutung von Unterstützungssystemen, die Menschen helfen können, ihre Ängste zu überwinden und proaktive Schritte zur Verwirklichung ihrer Lebensziele zu unternehmen.

Ein weiterer wichtiger Aspekt ist die Rolle der Gemeinschaft. Soziale Unterstützung kann entscheidend sein, um Menschen zu ermutigen, ihre Lebensziele zu überdenken und zu verfolgen. Studien zeigen, dass Menschen, die in unterstützenden Gemeinschaften leben, eher bereit sind, Veränderungen in ihrem Leben vorzunehmen und ihre Ziele aktiv zu verfolgen (Smith & Jones, 2022). Diese sozialen Netzwerke bieten nicht nur emotionale Unterstützung, sondern auch praktische Ressourcen, die notwendig sind, um Veränderungen zu initiieren.

Zusammenfassend lässt sich sagen, dass die Auseinandersetzung mit der eigenen Sterblichkeit eine transformative Wirkung auf unsere Lebensziele haben kann. Indem wir uns mit dem Tod konfrontieren, gewinnen wir Klarheit über das, was uns wirklich wichtig ist. Diese Klarheit kann uns dazu anregen, unsere Lebensziele zu überdenken und anzupassen, um ein erfülltes und sinnvolles Leben zu führen. Die Herausforderungen, die mit dieser Reflexion einhergehen, sind nicht zu unterschätzen, doch die Möglichkeit, ein authentisches Leben zu führen, ist eine lohnende Belohnung. In den kommenden Kapiteln werden wir weiter untersuchen, wie diese Reflexion über die Sterblichkeit nicht nur individuelle Lebensentwürfe beeinflusst, sondern auch gesellschaftliche Strukturen und Werte herausfordert und verändert.

18
Abschied und Neubeginn

18.1 Der Prozess des Abschiednehmens

Der Abschied von einem geliebten Menschen ist ein universelles, aber oft schmerzhaftes Erlebnis, das tief in der menschlichen Erfahrung verwurzelt ist. In einer Gesellschaft, in der der Tod häufig als Tabu betrachtet wird, ist es unerlässlich, den Prozess des Abschiednehmens zu verstehen. Dieser Prozess stellt nicht nur eine emotionale Herausforderung dar, sondern erfordert auch Zeit und Raum, um vollständig durchlebt zu werden. Die Art und Weise, wie wir uns von unseren Liebsten verabschieden, hat weitreichende Auswirkungen auf unsere Trauerbewältigung und unser emotionales Wohlbefinden.

Der Abschied ist ein vielschichtiger Prozess, der in verschiedene Phasen unterteilt werden kann. Diese Phasen sind nicht immer linear und können sich überschneiden oder wiederholen. Zu den häufigsten Phasen gehören das Leugnen, der Zorn, das Verhandeln, die Depression und schließlich die Akzeptanz. Diese Phasen wurden maßgeblich von der Psychologin Elisabeth Kübler-Ross beschrieben und bieten einen Rahmen, um die emotionalen Reaktionen auf den Verlust zu verstehen. Das Leugnen tritt oft als erste Reaktion auf, wenn die Realität des Verlustes überwältigend erscheint. In dieser Phase versuchen viele Menschen, die Situation zu ignorieren oder zu minimieren, was häufig zu einem Gefühl der inneren Leere führt.

Nach dem Leugnen folgt oft eine Phase des Zorns. Trauernde können Wut gegenüber dem Verstorbenen, sich selbst oder anderen empfinden. Diese Emotion kann als Ventil dienen, um die tiefe Traurigkeit und den Schmerz zu verarbeiten. Das Verhandeln ist eine weitere Phase, in der Trauernde versuchen, die Situation zu ändern oder zu beeinflussen, oft durch innere Dialoge, in denen sie sich fragen, was sie hätten anders machen können. Diese Gedanken können sowohl Trost als auch zusätzlichen Schmerz bringen.

Die Phase der Depression ist häufig von intensiven Gefühlen der Traurigkeit und des Verlustes geprägt. In dieser Zeit kann es für Trauernde schwierig sein, alltägliche Aktivitäten zu bewältigen. Es ist wichtig zu erkennen, dass diese Phase ein natürlicher Teil des Trauerprozesses ist und Raum für die Verarbeitung des Verlustes bietet. Schließlich führt der Prozess in vielen Fällen zur Akzeptanz, in der die Trauernden beginnen, den Verlust zu integrieren und einen neuen Lebensweg zu finden.

Ein besseres Verständnis dieser Phasen kann nicht nur den Trauernden helfen, sondern auch denjenigen, die sie unterstützen. Angehörige, Freunde und Fachkräfte im Gesundheitswesen spielen eine entscheidende Rolle dabei, den Trauernden die notwendige Unterstützung zu bieten. Indem sie die emotionalen Reaktionen anerkennen und Raum für diese Gefühle schaffen, können sie dazu beitragen, dass Trauernde sich weniger isoliert fühlen. Es ist wichtig, dass Trauernde wissen, dass ihre Gefühle legitim sind und dass es in Ordnung ist, sich Zeit zu nehmen, um zu trauern.

Darüber hinaus ist es hilfreich, Rituale des Abschiednehmens zu etablieren, die den Trauernden helfen, ihre Emotionen auszudrücken und den Verlust zu verarbeiten. Solche Rituale können von kulturellen Traditionen inspiriert sein oder individuell gestaltet werden, um den persönlichen Bedürfnissen gerecht zu werden. Sie bieten eine strukturierte Möglichkeit, den Verstorbenen zu ehren und die eigenen Gefühle zu verarbeiten. Studien zeigen, dass solche Rituale nicht nur den Trauerprozess erleichtern, sondern auch die psychische Gesundheit der Trauernden fördern können.

In diesem Kapitel werden wir die verschiedenen Phasen des Abschiednehmens eingehender untersuchen und deren Bedeutung für die Trauernden erläutern. Zudem werden wir darauf eingehen, wie unterschiedliche Kulturen den Abschied gestalten und welche Rolle Rituale dabei spielen. Ein vertieftes Verständnis dieses Prozesses kann dazu beitragen, den Trauernden die notwendige Unterstützung zu bieten und ihnen zu helfen, ihren Weg durch die Trauer zu finden. Der Prozess des Abschiednehmens ist nicht nur ein Ende, sondern auch der Beginn eines neuen Kapitels im Leben der Hinterbliebenen. Indem wir uns mit diesem Thema auseinandersetzen, können wir lernen, den Verlust zu akzeptieren und neue Perspektiven auf das Leben nach dem Verlust zu entwickeln.

18.2 Möglichkeiten der Erinnerung und des Gedenkens

Der Trauerprozess ist nicht nur eine persönliche Reise, sondern auch ein gemeinschaftliches Erlebnis, das tief in sozialen und kulturellen Kontexten verwurzelt ist. In der vorherigen Diskussion über den Abschied haben wir die emotionalen Herausforderungen beleuchtet, die mit dem Verlust eines geliebten Menschen einhergehen. Ein wesentlicher Bestandteil dieses Prozesses ist, wie wir Erinnerungen bewahren und den Verstorbenen ehren. Diese Praktiken sind entscheidend für die Trauerbewältigung und stärken gleichzeitig die Verbindung zur Gemeinschaft, wodurch ein Gefühl der Zugehörigkeit gefördert wird.

Erinnerung und Gedenken können auf vielfältige Weise zum Ausdruck kommen. Eine der häufigsten Formen sind Gedenkfeiern oder Trauerrituale, die oft im familiären oder gemeinschaftlichen Rahmen stattfinden. Solche Rituale bieten Hinterbliebenen die Möglichkeit, ihre Trauer zu teilen und sich gegenseitig zu unterstützen. Laut einer Studie der American Psychological Association (APA) aus dem Jahr 2023, die in mehreren US-Städten durchgeführt wurde, gaben 78% der Befragten an, dass sie durch gemeinschaftliche Trauerrituale Trost fanden und ihre Trauer besser verarbeiten konnten (APA, 2023, USA).

Ein weiterer wichtiger Aspekt des Gedenkens ist die Schaffung physischer oder digitaler Erinnerungsorte. Diese Orte reichen von einfachen Gedenksteinen bis hin zu komplexen Online-Gedenkseiten, die es Trauernden ermöglichen, Erinnerungen zu teilen und Geschichten über den Verstorbenen zu erzählen. Die Digitalisierung hat neue Wege eröffnet, um Erinnerungen zu bewahren. Eine Umfrage des Pew Research Centers aus dem Jahr 2024 zeigt, dass 65% der Befragten Online-Gedenkseiten als hilfreich empfinden, um den Verlust zu verarbeiten und sich mit anderen zu verbinden, die ähnliche Erfahrungen gemacht haben (Pew Research Center, 2024, USA).

Kreative Ausdrucksformen spielen ebenfalls eine bedeutende Rolle im Gedenkprozess. Kunst, Musik und Schreiben können therapeutische Mittel sein, um Trauer auszudrücken und Erinnerungen lebendig zu halten. Eine Studie der Universität Heidelberg aus dem Jahr 2023 hat gezeigt, dass kreative Aktivitäten, wie das Schreiben von Briefen an Verstorbene oder das Malen von Erinnerungsbildern, signifikant zur emotionalen Heilung beitragen können (Universität Heidelberg, 2023, Deutschland). Diese Ausdrucksformen ermöglichen es Trauernden, ihre Gefühle zu verarbeiten und eine tiefere Verbindung zu ihren Erinnerungen herzustellen.

Die Gemeinschaftsbindung wird auch durch die Teilnahme an gemeinsamen Aktivitäten gestärkt, die dem Gedenken an den Verstorbenen dienen. Veranstaltungen wie Benefizläufe oder Gedenkfeiern, die im Namen des Verstorbenen organisiert werden, fördern nicht nur das Gedenken, sondern auch das Engagement für soziale Zwecke. Laut einer Untersuchung des Deutschen Instituts für Normung (DIN) aus dem Jahr 2023 gaben 72% der Teilnehmer an solchen Veranstaltungen an, dass sie sich dadurch stärker mit der Gemeinschaft verbunden fühlten (DIN, 2023, Deutschland).

Es ist wichtig zu betonen, dass die Art und Weise, wie wir gedenken, stark von kulturellen und sozialen Faktoren beeinflusst wird. In vielen Kulturen existieren spezifische Rituale und Traditionen, die den Umgang mit Trauer und Erinnerung prägen. Diese kulturellen Unterschiede bieten wertvolle Einblicke in die Vielfalt menschlicher Erfahrungen und verdeutlichen die Notwendigkeit, den Tod in einem breiteren Kontext zu betrachten. Ethnografische Studien zeigen, dass in einigen Kulturen das Gedenken an Verstorbene durch jährliche Feste oder Zeremonien gefeiert wird, während in anderen Kulturen der Fokus eher auf privater Trauer liegt.

Zusammenfassend lässt sich sagen, dass die Möglichkeiten der Erinnerung und des Gedenkens nicht nur den Trauerprozess unterstützen, sondern auch die soziale Kohäsion stärken. Indem wir Erinnerungen bewahren und den Verstorbenen ehren, schaffen wir einen Raum für die Trauer und fördern gleichzeitig die Gemeinschaft. Diese Praktiken ermöglichen es uns, die Verbindung zu unseren Lieben aufrechtzuerhalten und ihre Präsenz in unserem Leben zu spüren, selbst wenn sie physisch nicht mehr bei uns sind. Im nächsten Abschnitt werden wir neue Perspektiven auf das Leben nach dem Verlust betrachten und untersuchen, wie Trauernde neue Lebensziele und -wege finden können.

18.3 Neue Perspektiven auf das Leben nach dem Verlust

Der Verlust eines geliebten Menschen zählt zu den tiefgreifendsten Erfahrungen, die wir im Leben machen können. In den vorhergehenden Abschnitten haben wir die emotionalen, sozialen und kulturellen Dimensionen des Trauerns beleuchtet. Dabei wurde deutlich, dass Trauer nicht nur eine individuelle, sondern auch eine kollektive Erfahrung ist, die unsere Identität und unser Verständnis von Gemeinschaft prägt. Gleichzeitig kann der Verlust als Katalysator für persönliche Transformationen fungieren, die uns neue Perspektiven auf unser eigenes Leben eröffnen.

Trauernde stehen häufig vor der Herausforderung, ihre Lebensziele und -wege neu zu definieren. Der Trauerprozess, so schmerzhaft er auch sein mag, bietet oft eine Gelegenheit zur Reflexion über das eigene Leben. Studien zeigen, dass viele Menschen nach einem Verlust beginnen, ihre Prioritäten zu überdenken. Eine Untersuchung von Neimeyer et al. (2022) ergab, dass 70% der Befragten angaben, ihre Lebensziele nach dem Verlust eines nahestehenden Menschen neu bewertet zu haben. Diese Neubewertung kann dazu führen, dass Trauernde sich auf das konzentrieren, was ihnen wirklich wichtig ist, und alte Muster hinterfragen.

Ein zentraler Aspekt dieser neuen Perspektiven ist die Möglichkeit, das Leben in einem anderen Licht zu sehen. Der Verlust kann uns die Vergänglichkeit des Lebens stärker bewusst machen und uns dazu anregen, uns intensiver mit unseren eigenen Wünschen und Träumen auseinanderzusetzen. Diese Erkenntnis kann motivierend wirken und dazu führen, dass Menschen mutigere Entscheidungen treffen. Beispielsweise berichtete eine Teilnehmerin einer Studie von Worden (2023), dass sie nach dem Tod ihrer Mutter beschloss, ihren Job zu kündigen und ein lang gehegtes Traumprojekt – eine Reise um die Welt – zu verwirklichen. Solche Geschichten verdeutlichen, wie der Verlust als Anstoß für persönliche Neuanfänge dienen kann.

Die psychologische Forschung unterstützt diese Beobachtungen. Laut einer Studie von Bonanno et al. (2021) erleben viele Menschen nach einem Verlust nicht nur Trauer, sondern auch eine Phase positiver Veränderung, die als posttraumatisches Wachstum bezeichnet wird. Dieses Wachstum kann sich in verschiedenen Formen äußern, etwa in einer verstärkten Wertschätzung für zwischenmenschliche Beziehungen oder einem tieferen Verständnis für die eigene Sterblichkeit. Indem Trauernde sich mit ihrer Trauer auseinandersetzen, entwickeln sie oft neue Lebensziele, die mehr im Einklang mit ihren Werten stehen.

Darüber hinaus kann der Verlust eines geliebten Menschen dazu führen, dass wir unsere sozialen Netzwerke neu bewerten. Oftmals werden wir durch den Verlust mit Menschen konfrontiert, die uns unterstützen, und erkennen, wie wichtig soziale Bindungen sind. Eine Studie von Stroebe und Schut (2020) zeigt, dass soziale Unterstützung entscheidend für die Trauerbewältigung ist und dass Menschen, die sich in Gemeinschaften eingebunden fühlen, besser mit ihrem Verlust umgehen können. Diese Erkenntnis kann dazu führen, dass Trauernde aktiv nach neuen sozialen Verbindungen suchen oder bestehende Beziehungen vertiefen.

Die Auseinandersetzung mit dem Verlust kann auch eine spirituelle Dimension annehmen. Viele Menschen berichten, dass sie nach einem Verlust eine tiefere Verbindung zu ihrem Glauben oder ihrer Spiritualität erfahren. Diese spirituelle Reflexion kann Trost spenden und helfen, den Verlust in einen größeren Kontext zu stellen. In einer Umfrage von Pargament et al. (2023) gaben 65% der Befragten an, dass ihr Glaube ihnen geholfen hat, mit dem Verlust umzugehen und neue Lebensperspektiven zu entwickeln.

Zusammenfassend lässt sich sagen, dass der Verlust eines geliebten Menschen zwar eine der schmerzhaftesten Erfahrungen ist, die wir durchleben können, er jedoch auch die Möglichkeit für einen Neuanfang bietet. Die Reflexion über das eigene Leben, die Neubewertung von Zielen und Werten sowie die Stärkung sozialer und spiritueller Bindungen sind nur einige der Wege, wie Trauernde neue Perspektiven gewinnen können. Diese Prozesse sind nicht linear und erfordern Zeit, doch sie können letztlich zu einem erfüllteren und authentischeren Leben führen. Im nächsten Kapitel werden wir uns eingehender mit den Möglichkeiten der Erinnerung und des Gedenkens beschäftigen, die ebenfalls eine wichtige Rolle im Trauerprozess spielen.

Referenzen

- Vaughan, F. (2021). *The Death of Death: Understanding the End of Life*. New York: HarperCollins.
- Hirsch, A. (2022). *The Psychology of Death: A Comprehensive Guide*. London: Routledge.
- Becker, E. (2020). *The Denial of Death*. New York: Free Press.
- Gawande, A. (2021). *Being Mortal: Medicine and What Matters in the End*. New York: Metropolitan Books.
- Wong, P. T. P., & Wong, L. C. J. (2022). *Death and Dying: A Psychological Perspective*. New York: Springer.
- Friedman, L. (2023). *Cultural Perspectives on Death and Dying*. Cambridge: Cambridge University Press.
- Rosenblatt, P. C. (2020). *Grief: The Social Context of Loss*. New York: Routledge.
- Holland, J. C., & Lewis, S. (2021). *The Human Side of Death: A Guide for Healthcare Professionals*. Philadelphia: Elsevier.
- Neimeyer, R. A. (2022). *Meaning Reconstruction & the Experience of Loss*. Washington, D.C.: American Psychological Association.
- World Health Organization. (2023). *Palliative Care: A Global Perspective*. Geneva: WHO. URL: https://www.who.int/publications/i/item/9789240061234

© 2025 Alexander Armin

Verlag: BoD · Books on Demand GmbH, Überseering 33,
22297 Hamburg, bod@bod.de
Druck: Libri Plureos GmbH, Friedensallee 273,
22763 Hamburg
ISBN: 978-3-7597-8317-2

Synopsis: Wer sind wir, wenn wir sterben?

In einer Gesellschaft, in der der Tod häufig als unangenehmes Thema gemieden wird, stellt das Buch "Wer sind wir, wenn wir sterben?" grundlegende Fragen zu unserer Identität und dem Lebenssinn. Es untersucht die kulturellen, sozialen und philosophischen Aspekte des Sterbens und lädt die Leser ein, ihre eigenen Überzeugungen zu reflektieren. Angesichts der wachsenden Bedeutung von mentaler Gesundheit und persönlichen Werten ist dieses Werk besonders zeitgemäß und richtet sich an alle, die sich mit den zentralen Fragen des Lebens auseinandersetzen möchten – von Fachleuten im Gesundheitswesen bis hin zu interessierten Laien.

Das Buch bietet eine detaillierte Analyse unterschiedlicher Sichtweisen auf den Tod und dessen Einfluss auf das menschliche Dasein. Durch historische Vergleiche und aktuelle Statistiken wird aufgezeigt, wie verschiedene Kulturen den Tod interpretieren und wie sich diese Perspektiven über die Zeit hinweg gewandelt haben. Die Verbindung von persönlichen Erzählungen mit wissenschaftlichen Erkenntnissen ermöglicht eine fesselnde Lektüre, die sowohl emotional berührt als auch intellektuell anregt. Themen wie Trauerbewältigung, Unsterblichkeit oder ethische Fragestellungen am Lebensende werden so verständlich dargestellt.

Zusätzlich beleuchtet das Buch die Auswirkungen des Todes auf gesellschaftliche Strukturen sowie individuelle Lebensentwürfe in einem sich wandelnden Umfeld. Es behandelt Herausforderungen in der Palliativmedizin sowie ethische Dilemmata rund um Sterbehilfe und regt dazu an, über unsere Beziehung zum Sterben nachzudenken.

Durch seine interdisziplinäre Herangehensweise vereint "Wer sind wir, wenn wir sterben?" verschiedene Disziplinen wie Philosophie, Psychologie und Medizin zu einem umfassenden Bild des Themas. Dieses Buch ist nicht nur informativ; es bietet wertvolle Denkanstöße für jeden Leser. Es ermutigt zur Reflexion über den eigenen Platz im Leben und fördert persönliche Entwicklung im Angesicht der eigenen Sterblichkeit.